핀란드 사람들은 왜 중고 가게에 갈까?

핀란드 사람들은 왜 중고 가게에 갈까?

© 박현선, 2019

펴낸날	1판 1쇄 2019년 11월 25일
	1판 6쇄 2023년 6월 1일
지은이	박현선
펴낸이	윤미경
펴낸곳	헤이북스
출판등록	제2014-000031호
주소	경기도 성남시 분당구 황새울로 234, 607호
전화	031-603-6166
팩스	031-624-4284
이메일	heybooksblog@naver.com
책임편집	김영회
디자인	류지혜 instagram.com/chirchirbb
찍은곳	한영문화사
ISBN	979-11-88366-17-0 03300

핀란드 사람들은
왜 중고가게에 갈까?

헬싱키 중고 가게, 빈티지 상점,
벼룩시장에서 찾은
소비와 환경의 의미

박현선 지음

헤이북스

일러두기

1. 외국의 인명, 지명 등의 표기는 외래어 표기법의 규정을 따르는 것을 원칙으로 하였다.
   다만 핀란드어는 이 규정에 포함되지 않으므로 원지음을 따랐다.
- 인명, 지명 등의 경우 처음 한 번에 한해 원어를 병기했다.
- 관례로 굳어진 고유명사 등의 경우 우리말로 번역하지 않고 외래어를 그대로 차용해 썼다.
- 뜻을 설명할 필요가 있거나 혼동의 우려가 있는 경우 원어를 살려 표기했다.
2. 이 책에 실린 사진은 대부분 저자가 직접 촬영한 것들이다. 일부분 관계자 등이 제공한 사진을
   사용한 경우 해당 사진에 별도로 표시를 했다.
3. 문장 안에서 책의 제목이나 신문 이름 등을 나타낼 때는 그 앞뒤에 겹화살괄호를 썼다.
   소제목, 그림이나 노래와 같은 예술 작품의 제목, 상호, 법률, 규정 등을 나타낼 때는
   그 앞뒤에 홑화살괄호를 썼다.

*

서문

이 책은 아마도 20여 년 전 언니의 농담 섞인 질문에서 비롯되었
을지 모른다. "너는 나무가 좋다면서 왜 나무를 죽여서 물건을 만
드니?" 순간 적당한 대답이 떠오르지 않아서 슬쩍 웃고 지나갔었
다. 그 질문은 시간이 흘러도 되돌아와서는 나를 겨냥했고, 스스
로를 납득시킬 만한 답을 찾지 못한 것이 큰 충격으로 남았다.

　미대에 진학해서 물건을 만드는 환경에 노출되다 보니 언니
의 질문은 서서히 몸집을 불리기 시작했다. 대학원 졸업논문과 함
께 결과물을 제작해야 하는 시기가 다가왔을 무렵에는 고민의 무
게가 한층 더 무거워졌다. 세상에 이렇게 많은 물건이 존재하는데
더 만드는 것에 과연 어떤 의미가 있을까? 환경문제를 체감하는
현재에 소비와 생산은 무슨 의미인가? 그래서 나는 무엇을 하고

싶은 걸까? 당장 졸업이 코앞이었기에 어떻게든 내 행동을 정당화하고 졸업장을 받고 싶은 마음이 컸다. 그렇게 질문을 회피하고 어물쩍 넘어가나 싶었지만 아이가 세상에 나오기를 기다리며 고민을 더 이상 무시하기는 힘들었다.

16세의 환경활동가 그레타 툰베리Greta Thunberg는 최근 뉴욕 유엔본부에서 열린 기후행동정상회의에서 세계 지도자들을 향해 'How dare you(어찌 감히)!'라는 말을 네 번이나 했다. 기업인들과 정책 입안자들이 경제만 좇는 바람에 학교에서 공부하고 유년을 누려야 할 청소년들을 거리로 나서게 했다며, 어른들이 만든 문제를 다음 세대에 떠넘기고 있다며, 이번에도 실패한다면 그들의 배신을 결코 용서하지 않겠다고 말했다.◆ 그의 분노에 공감한다. 그리고 나 역시 방관자로서 죄책감을 느낀다.

나는 그 어떤 분야의 전문가도 아니다. 기후변화를 연구한 것도, 재활용과 재사용에 대한 지식이 풍부한 것도, 현재 세계의 기업이나 정부에서 환경을 위해 얼마만큼 실질적 노력을 기울이고 있는지 꿰뚫고 있는 것도 결코 아니다. 현재를 살며 다가올 미래에 대한 불안함과, 지구에서 인간과 함께 살고 있는 동식물들과 이 모든 짐을 짊어지게 될 다음 세대에게 미안함을 느끼는 보통 사람일 뿐이다.

북유럽 풍 디자인이라는 말을 좇아 찾아온 조용한 도시, 핀란드 헬싱키에서 나의 눈과 마음을 사로잡은 것은 보통 사람들과 보통 물건들, 보통의 일상이었다. 이 고요한 도시는 그 누구보다 가볍고 빠르게 변화를 시도한다. 그 바탕에는 평범한 보통 사람들이 잘 살 수 있는 방법을 찾고자 하는 생각이 깔려 있다. 보통 사람들의 목소리가 시도하는 긍정적인 변화를 14년에 걸쳐 목도하며 '보통의 힘'은 나에게 영감이 되었고 글을 쓰는 추진력이 되었다.

아직 언니의 질문에 스스로 만족할 만한 대답을 할 수 있는지 모르겠지만, '나는 무엇을 하고 싶은 것인가'라는 질문에 우선 책으로 답을 하고 싶었다. 이 책을 쓰며 만났던 보통 사람들도 나와 비슷한 고민과 우려, 죄책감을 품고 살고 있는 것을 알게 되었을 때 동질감을 넘어 위로를 받는 느낌이었다. 혹여 비슷한 고민과 우려를 안고 있는 독자들이 있다면 그들에게 이 책이 위안이 되었으면 좋겠다.

'유별난 게 아니라고. 예민한 게 아니라고. 당연한 고민이라고.'

2019년 10월
박현선

차례

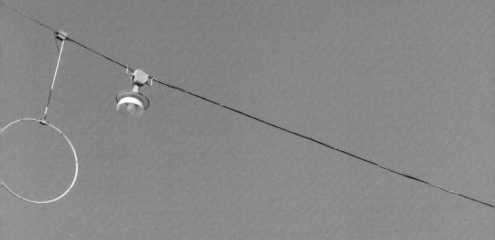

내가 살던 동네, 에이라(Eira)

내가 살던 동네, 또우꼴라(Toukola)

내가 살던 동네, 꿈뿔라(Kumpula)

내가 살던 동네, 울랄린나(Ullanlinna)

내가 살던 동네, 아라비아란따(Arabiaranta)

아라비아란따 옆 비끼 자연보호구역의 갈대숲

1장.

우리는 이대로 괜찮은 걸까?

핀란드에서의 낯선 경험들

미처 생각하지 못한 것들

헬싱키에서의 유학 생활은 학생 주택 재단 호아스Hoas가 제공하는 저렴한 학생 아파트에서 시작했다. 학교에서 먼 곳에 배정받아 통학이 불편했고, 무엇보다도 보통 사람들 사이에 섞여 살아보고 싶다는 바람이 커져 일반 가정집으로 이사했다. 그런데 그 이후로 역마살이 낀 게 아닐까 싶을 정도로 이런저런 이유로 6개월이 멀다 하고 이사를 다녀야 했고, 짐 역시 늘어날 틈이 없었다.

적당한 집을 찾는 것은 꽤나 골치 아픈 일이었으나 동시에 다양한 동네에서 살아볼 수 있는 흔치 않은 기회이기도 했다. 지어진 지 100년도 넘은 고풍스런 석조 아파트부터 예쁜 목조 주택까지 그 외형도 다양했으며, 거실 2개에 방 6개를 갖춘 커다란 집부터 (물론 방마다 다른 학생들이 살았다.) 독립된 방이라고는 따로 없는 원룸에서 룸메이트와 함께 살기도 했다.

결혼 후에도 8년 동안 이미 세 번의 이사를 치렀지만, 지난 2017년 여름에 우리는 또 한 번의 이사를 앞두고 있었다. 더군다나 이번에는 아이와 함께였다. 인건비가 비싼 이 나라에서는 한국에서처럼 신속하고 친절하며 동시에 상대적으로 저렴한 포장 이사 서비스를 기대하기는 어렵다. 때문에 비슷한 처지에 놓인 주변의 친구들끼리 이사 품앗이를 하는 경우가 많다. 우리도 역시 직접 포장하고 옮기는 쪽을 선택했는데, 이번에는 일을 조금 줄여보고자 이삿짐 포장용 상자를 대여하기로 했다. 대여비용은 상자를 배달하는 날부터 회수하는 날까지 날수로 계산되기 때문에 짐을 싸고 푸는 시간을 고려해 조절할 수 있다는 장점이 있다. 상자 대여 회사에서는 보통 집의 총면적을 따져 1제곱미터당 1개의 상자를 주문할 것을 추천한다. 집의 면적이 50제곱미터라면 50상자를, 100제곱미터라면 100상자를 주문하라는 것이다. 당시 60제곱미터였던 우리 집의 크기, 상자를 들 수 없을 만큼 물건으로 가득 채우지 말라는 상자 대여 회사의 조언, 아이 출생과 함께 불어난 물건들을 고려해서 우리는 넉넉히 70개의 상자를 주문했다. 막상 작지 않은 70개의 상자가 집 안을 차곡차곡 메워가는 광경을 직접 목격하니 숨이 턱 막혀왔다. 서랍에서, 선반에서, 창고에서 마치 기다렸다는 듯 쏟아져 나오는 물건들은 그동안 제때 정리하지 않은 우리를 보며 꼴좋다며 비웃는 것만 같았다.

우리는 이사를 통해 많은 질문들을 마주했다. 도대체 언제부터 이렇게 많은 물건에 둘러싸여 살게 된 것일까? 이 많은 물건들이 정말 다 필요하긴 한 걸까? 이 물건들을 우리는 모두 유용하게 잘 쓰고 있는 것일까?

핀란드에서 살면서 머리를 맞은 듯 '당연함'의 기준이 흔들리는 경험을 하기도 했다. 가게는 주말에 문을 닫는다. 가게 직원들도 주말에는 쉬어야 하니까. 직원이 야근을 하려면 회사의 동의를 먼저 얻어야 한다. 회사가 야근 수당을 지급해야 하기 때문에. 배달을 시키면 배달비용을 받는다. 배달을 하는 사람의 인건비와 차량 유지비가 들기 때문에. 자동차 속도위반이나 신호 위반 과태료는 그 사람의 연봉에 따라 다르다. 사람마다 벌이는 다르지만 벌금의 무게는 같아야 하니까.♦ 핀란드의 공산품은 모두 비싸고, 한국에서 누렸던 신속 배달과 빠른 고객 응대 서비스는 존재하지 않는다. 한국 화방에서 1, 2천 원이면 쉽게 구할 수 있는 흔한 재료들은 이곳에서는 쉽게 5, 6유로(약 7, 8천 원)를 넘긴다. 저렴한 길거리 음식은 없고, 그나마 값싼 음식도 식당에서 먹으면 10유로는 훌쩍 넘긴다. (그래서 집에서 직접 요리해 먹을 수밖에 없고, 요리 실력이 늘 수밖에 없다.)

이 나라에서 살며 겪은 이런 불편함은 나에게 생각할 기회를 제공했다. 한국에 살며 당연하다고 여겼던 공식들이 이곳에서는 적용되지 않았다. 그렇지만 동시에 다른 생각으로, 다른 철학으로,

---

♦ 2002년에 전직 노키아 디렉터였던 안씨 반요끼(Anssi Vanjoki)는 오토바이를 타고 속도 제한 시속 50킬로미터 구간에서 시속 75킬로미터로 달렸고, 그 결과 속도위반 과태료로 11만 6000유로(약 1억 5500만 원)를 지불했다. 너무나도 유명한 일화다.

다른 기준으로도 잘 살 수 있음을 확인했다. 당연함이 추측과 감정을 앞세워 근거 없는 '원래 그래'로 무장한 것이 아니라, 빠르게 변화하는 사회에서 기본적 인권과 질서가 침해당하지 않도록 든든한 밑받침을 구성하는 역할을 해야 한다는 생각이 자리 잡았다.

빌딩 숲이 아닌 진짜 숲의 어색함

헬싱키는 서울과 비교했을 때 인구밀도가 낮은 작은 수도다. 맞닿아 있는 발트해가 내해나 다름없어 움직임이 적고 염분 함유량 역시 낮아 짠 내가 나지 않기 때문에 바닷가 특유의 분위기를 느끼기는 어렵지만, 도심 곳곳을 유유히 휘젓고 다니는 갈매기들의 귀를 찌르는 울음소리가 이곳이 바닷가 도시라는 힌트를 끊임없이 던진다. 헬싱키 도심에는 시민들의 발이 쉽게 닿을 만한 곳에 공원과 숲이 많다. 사람의 손길이 많이 닿은 현대식 공원도 있지만, 핀란드 자연만의 정취를 그대로 느낄 수 있을 만큼 최소한의 정비만 한 숲이 도심 구석구석에 자리하여 사람들의 발길을 끈다. 곧게 뻗은 하얀 자작나무와 소나무, 전나무, 울퉁불퉁한 모양을 고스란히 드러낸 암반이 만들어내는 독특한 지형, 바닥에 담요처럼 깔린 이끼와 버섯은 국적과 나이를 막론하고 숲을 찾는 모든 이에게 안락함과 평온함을 선사한다.

운이 좋게도 우리 식구가 살았던 동네인 아라비아란따 Arabiaranta는 반따강Vantanjokki이 바다와 만나는 하구에 위치해 있다. 매년 봄이 되면 둔치는 둥지를 틀기 위해 남쪽에서 날아온 기러기 떼의 서식지가 되고, 가을이 되면 집으로 돌아가려는 연어 떼가 만드는 거품이 강물 위에 가득히 피어오른다. 겨울이 찾아오면 염분이 적은 하구의 물은 금세 두껍게 얼어버리고, 땅과 물의 경계가 없어질 만큼 흰 눈이 소복이 쌓이면 마치 약속이라도 한 듯 얼음 위를 걷는 사람들로 가득하다. 하구에서 조금만 더 걸어 들어가면 헬싱키시가 보호하고 있는 숲인 비끼Viikki 자연보호구역◆이 나타나고, 고개를 돌리면 수많은 새의 서식지인 갈대밭, 생명체가 역동하는 습지가 펼쳐진다. 어른 키를 훌쩍 넘는 갈대밭 사이로 난 길을 따라 하염없이 걷다 보면 한 나라의 수도에 있다는 사실을 쉬이 망각하곤 한다.

핀란드는 핀란드어로 '수오미Suomi'라고 부르는데 이는 '호수의 나라'라는 뜻이다. 이름에 걸맞게 이 나라에는 빙하기에 얼음들이 할퀴고 간 자리마다 호수가 생겼는데, 호수를 500제곱미터 이상의 면적이라 정의했을 때 약 18만 개가 존재한다. 이 나라에서 오랜 시간 살다 보니 호수는 핀란드 사람들에게 그저 고인 물 이상의 의미를 가지며 안정, 휴식과 같은 정신적 활동과 직결되어 있음을 알 수 있었다. 그래서인지 숲속 호숫가에는 타인의 시선을 피해 꼭꼭 숨어 있는 사우나 별장들이 많다. 인구밀도가 낮은 환경에서 자발적 고립을 즐기는 이 나라 사람들의 특성 때문에 이웃 별장과의 간격은 멀수록 좋다고 여긴다. 그래서 이런 사우나 별

◆ 비끼 자연보호구역은 헬싱키 중심부에 위치한다. 반따강의 하구이기도 하며 숲, 습지, 섬 등 다양한 형태의 환경을 포함하고 있다. 이 구역은 습지를 따라 넓게 펼쳐진 갈대숲과 이를 터전으로 삼고 살아가는 새를 관찰할 수 있는 장소로 유명하다. 총 300여 종의 새가 서식하고 봄이면 어김없이 찾아오는 기러기 떼로 장관을 이룬다. 또한 천연림에는 종의 다양성을 자랑하는 나무와 풀, 균류가 서식하며 사슴과 박쥐, 날다람쥐, 여우, 개구리, 도마뱀 등이 산다. 이곳을 찾는 사람들이 자연을 만끽함과 동시에 자연에 해를 끼치지 않도록 숲속과 갈대밭에는 최소한의 산책로가 마련되어 있고 조용히 새를 관찰할 수 있는 헛간과 탑이 곳곳에 설치되어 있다.

장을 온라인 대여 사이트를 통해 예약할 때면 이웃 건물과의 거리가 기본 정보로 표기되곤 한다. 한번은 우리가 빌린 별장의 주인이 굉장히 뿌듯한 말투와 표정으로 "이 호수 주변에는 당신들밖에 없어요."라고 말했지만, 그 고립이 익숙하지 않은 외국인인 우리는 몰려오는 두려운 상상과 싸워야 했다.

별장이라는 단어가 굉장히 호화롭게 느껴지지만, 대게는 불편하지 않을 만큼의 기본적인 생활 도구와 사우나가 갖추어진 작은 통나무집을 일컫는다. 핀란드 사람들은 시간이 허락하면 소위 말하는 현대 문명과 거리를 두고 이 별장 속에 숨어버린다. 요즘에는 관광산업과 맞물리며 수세식 화장실과 샤워, 식기세척기 등의 현대적 시설을 갖춘 곳들도 많지만 그중에는 여전히 전기와 수도를 연결하지 않은 집들도 많다. 평소에는 자연이 좋다고 누누이 말은 해왔어도 어쩌다가 그런 곳에 며칠을 머물게 되면 나는 그 누구보다도 안절부절못하며 쉽게 불편해하고 불안해한다. 재래식 야외 화장실은 사용 후 톱밥을 뿌려야 하고, 해가 지면 침침한 촛불에 의지해야 하며, 냉장고 역시 없으니 오래 두면 상할 음식은 일체 가져가지 않아야 한다. 모기와 거미는 기본이고 정체 모를 벌레나 동물들이 나타나지는 않을까 항상 경계 태세를 갖추느라 금방 피곤해진다. 한두 번은 경험 삼아 재미있겠다 싶지만 솔직히 말하면 2박 3일도 버겁다. 결국 내가 좋아하는 자연은 사람 손에 의해 정돈되고 가꾸어진 것들이고, 도시로 진입해 아스팔트와 가로등 불빛이 보이면 안도감마저 드는 나는 평범한 현대인이었다.

우습게도 처음에는 이런 환경이 낯설고 어색했다. 핀란드 친구들을 따라 숲속의 사우나 별장을 처음 방문했을 때 망설임 없이 자연을 즐기는 그들의 모습을 보고 있다가 몸을 사리고 있는 건 나 혼자뿐이라는 걸 문득 깨달았다. 그리고 마치 모두가 다 아는 노래를 따라 부르지 못하는 것처럼 묘하게도 스스로가 부끄러운 생각이 들었다. 가까운 친척들이 모두 서울에 살아 이렇다 할 시골 체험을 해본 경험이 전무한 나로서는 자연 속에 있는 것을 두려워하지 않는 그들의 모습이 부럽기도 했다. 거리낌 없이 물속으로 또 숲속으로 뛰어드는 모습을 보면서 '나는 언제 저러했던 적이 있었나' 하며 없는 기억마저 더듬어보게 되었다. 스스럼없이 이를 즐길 줄 아는 것이 그리고 즐길 수 있는 환경을 가진 것이 얼마나 큰 축복이고 행운인가 생각했다.

불편한 진실을 마주하다

생산과 소비의 역습

2009년에 헬싱키미술대학교University of Art and Design Helsinki(지금의 알토대학교Aalto University)◆를 졸업한 뒤 작은 사업을 시작했었다. 현지의 제작자들과 함께 오래 쓸 만한 좋은 품질의 제품을 소량 제작해서 판매하자는 취지로 시작해 핀란드를 비롯한 독일, 벨기에, 싱가포르 등지에 납품했다. 2011년부터 2013년까지 같이 일했던 합판 제조 성형 회사 포르메사Formesa의 사장 라미Rami는 아버지의 사업을 이어받아 공장을 운영 중이었다. 공장은 수십 년 동안 가구

◆　헬싱키디자인대학교는 헬싱키공과대학교, 헬싱키상경대학교와 합치며 2011년 알토대학교로 개명했다.

와 소품을 중심으로 핀란드 디자인 제품을 대량생산하는 데에 줄 곧 집중해왔는데, 현재는 인건비와 제작비가 저렴한 폴란드나 에스토니아 등지에 일감을 빼앗기고 있어 높은 품질과 기술력을 내세운 소량 생산으로 전향하고 있지만 그 역시 쉽지 않다고 라미는 토로했다. 나 역시 제작비용이 더 저렴한 나라로 눈을 돌리라는 말을 수차례 들었다. 그럴 때면 사업의 몸집을 얼마나 불려야 하고, 불리고 싶은지 확신이 서야 했다.

핀란드의 제작자들과 일을 하며 많은 질문을 마주했다. 이 질문들은 앞으로의 행보를 고민하게 했다. 물건을 만들고 싶은가? 오래 쓸 수 있을 만큼 튼튼하게 만들었다고 자부할 수 있나? 소비자의 부주의로 물건이 망가지거나 변심으로 더 이상 쓰지 않게 되면 아무리 잘 만들어도 소용없는 것 아닐까? 수많은 질문들이 머리를 때렸고 결국 자신이 없다는 결론에 도달했다. 잊을 만하면 항상 비슷한 질문을 반복하는 나를 이제는 한 번 마주해보기로 했다.

우리는 물건이 넘쳐나는 세상에 살고 있다. 산업혁명 이후 대량생산이 보편화되며 제품의 가격은 꾸준히 하락해왔고, 이에 따라 많은 사람들이 달콤한 편의를 누리게 되었다. 자원의 손쉬운 조달로 생산의 효율성을 높여야 했기 때문에 나무, 물, 광석 등과 같은 원재료를 얻기 쉬운 숲속에 공장이 들어섰다. 수십, 수백 년 된 고목들이 쓰러져 나가고, 땅은 파헤쳐지고, 생명의 탄생지인 습지는 숨이 끊겨졌다.♦ 우리는 스스로를 지구의 모든 생명체 위에 군림하는 우월한 존재로 놓고 자연을 마음대로 이용하고 원하는

♦   Wulf, Andrea (2016). 'The invention of nature', London: John Murray, p59-60.

것을 취해왔다. 어쩌면 인간은 스스로의 능력에 취해 자연이 인간을 위해 끊임없이 정화하고 재생산할 것이라고 근거 없이 믿어버렸는지도 모른다. 그동안 자연을 대해온 인간의 태도는 지배자와 피지배자의 관계에 가까웠으며 이렇게 수직적이고 1차원적인 관계는 오랜 시간이 흐른 현재에도 여전함을 느낀다.

제품 생산과 가공 과정에서 환경오염과 자원 고갈의 문제는 날이 갈수록 심각해져 인간의 건강에 직접적인 위협이 되기도 한다. 특히 면화의 생산은 많은 문제점을 안고 있다. 현재 의류를 만드는 데에 가장 널리 쓰이는 면화는 병충해에 매우 약하기 때문에 많은 양의 살충제와 비료가 쓰이는데, 이 화학물질들은 지역의 흙과 지하수를 오염시키고 주변의 생태계를 망가트린다.♦ "기존의 면(유기농 면과 반대)은 세계에서 가장 지속 불가능한 섬유 중 하나입니다."라고 패션 디자이너이자 환경론자인 캐서린 햄넷Katharine Hamnett은 2014년에 영국 일간지 《가디언the Guardian》과의 인터뷰에서 말했다. "기존의 면화 재배에는 엄청난 양의 물과 살충제를 사용하기 때문에 1년에 35만 명의 농부가 사망하고 100만 건의 입원이 발생합니다."♦♦ 면화의 생산은 환경오염뿐 아니라 물 부족 현상을 가속화시킨다. 면 티셔츠 1장을 만드는 데 약 2700리터의 물이 쓰이는데,♦♦♦ 하루에 사람이 2리터 물을 마시는 것도 쉽지 않

♦   WWF 2018, accessed 17 Oct 2018.
     웹사이트 https://www.worldwildlife.org/industries/cotton 참조.
♦♦   Tansy Hoskins, 'Cotton production linked to images of the dried up Aral Sea basin',
     the Guardian, 1 Oct 2014, accessed 15 Dec 2018.
     웹사이트 https://www.theguardian.com 참조.
♦♦♦ 'The impact of a cotton t-shirt', WWF 2018, 16 Jan 2013, accessed 17 Dec 2018.
     웹사이트 https://www.worldwildlife.org/stories/the-impact-of-a-cotton-t-shirt 참조.

현재 가장 널리 쓰이는 면화의 생산 과정에는 엄청난 양의 살충제와 물이 소비된다. / 사진 ⓒ Pure Waste Textile

다는 점을 감안하면 얼마나 많은 양인지 금세 알 수 있다. 게다가 지구상에 존재하는 물 중 사람이 마실 수 있는 물이 고작 3퍼센트에 불과하고 이마저도 3분의 2에 달하는 양의 물에는 접근이 어렵다.♦ 실질적으로 우리는 현재 필요 이상의 작물을 생산하고 있고 구매 후 이런저런 이유로 제품이 수년 안에 폐기되는 점을 고려했을 때 (혹은 구매조차 되지 않고 폐기되기도 한다.) 이는 어마어마한 물의 오염과 낭비이며 곧 사람의, 생태계의 존속과도 직결되는 문제다.

지구 전체의 인구는 급격히 늘고 있다. 1950년에 약 20억 명이었던 인구는 그사이 기하급수적으로 늘어나 2018년 현재 77억 명을 넘어 달리고 있고, 2055년경에는 100억 명에 도달할 것으로 전문가들은 예견하고 있다.♦♦ 불과 최근 70여 년 사이에 기존 인구에서 3배 넘게 폭등한 것이다. 종자의 개량, 장비의 개발, 비료나 제초제의 과한 사용으로 인한 땅과 물의 오염이 현재 농축산업의 큰 문제점으로 꼽힌다. 이러한 생산 환경에 변화를 요구하는 목소리가 커지면서 유기농법을 이용해 생산하는 농장의 비율이 높아지고 있지만 여전히 전체의 1퍼센트에 그친다.♦♦♦ 유기농법 생산으로 과연 이 많은 인구를 먹이고 입힐 수 있을까 우려하는 목소리

♦   WWF 2018, Water Scarcity, accessed 17 Dec 2018.
웹사이트 https://www.worldwildlife.org/threats/water-scarcity 참조.

♦♦   Worldometers 2018, World population milestones, accessed 17 Dec 2018.
웹사이트 http://www.worldometers.info/world-population 참조.

♦♦♦   John Reganold, 'Can we feed 10 billion people on organic farming alone?', the Guardian, 14 Aug 2016, accessed 16 Dec 2018.
웹사이트 https://www.theguardian.com 참조.

와 동시에 생산량은 조금 적을 수 있어도 환경오염과 화학물질이 인체에 끼치는 영향을 생각했을 때 장기적으로 얻는 이득이 많다는 의견으로 갈리고 있다.

몇 해 전, 인간이 버린 땅 체르노빌Chernobyl의 생태계와 이를 연구하는 과학자들을 보여주는 다큐멘터리 〈Radioactive Wolves(방사능 늑대들)〉♦를 보았다. 사고가 일어나기 전 이 지역은 구소련이 국가적 차원에서 농업 사업을 벌이던 지역으로 대규모 간척, 개간 사업이 일어남에 따라 수많은 사람들이 이주해왔다. 그 과정에서 많은 동물들이 삶의 터전을 잃었다. 특히 늑대는 인간들의 주요 사냥감이었고, 인간의 농사에 방해가 되는 비버 역시 희생되었다. 그러나 1986년 원전 사고가 일어난 후 인간의 출입이 엄격히 통제되자 인간을 피해 달아났던 동물들이 돌아오기 시작했다. 비버가 댐을 만들자 저수지가 생기고 이를 중심으로 물고기, 도마뱀, 새, 곤충 등이 모습을 드러냈고 다양한 초식동물들도 따라왔다. 그리고 최상위 포식자 늑대들 역시 다시 모습을 드러냈다. 최상위 포식자의 개체 수는 그 지역 생태계 건강과 균형을 논하는 데에 중요한 지표가 된다. 단지 사람만 빠졌을 뿐인데 수많은 종류의 동식물들이 제자리로 돌아와 공존하기 시작했다. 그리고 스스로 균형을 찾아가고 있다. 물론 그 지역에 사는 동식물, 흙, 물 역시 방사능에 노출되어 있다는 사실에는 변함이 없으나 사람이 빠지니 모든 게 안정되어 보였다. 그렇다면 인간의 존재는 이 자연에 있어 대체 무슨 의미란 말인가? 인간의 모든 생산 활동 혹은 존재 자체

♦ 클라우스(Klaus Feichtenberger) 감독이 만든 약 1시간 분량의 다큐멘터리로, 2011년 10월 15일 미국 방송 PBS를 통해 방영되었다.

가 생태계에 그 어떤 도움도 주지 못한다는 것일까?

사람 때문에 고통을 받는 동물들 소식을 인터넷으로 접할 때면 그 소식을 전하는 글자 하나하나가 고통스럽고 미안해 외면해 버리고 만다. 동물뿐만이 아니다. 전 세계 각지에서 모여든 플라스틱 더미 속에서 사는 사람들의 소식을 접하고, 폐전자 제품 속에서 돈이 될 만한 것들을 찾기 위해 매일같이 인체에 유해한 쓰레기 더미를 뒤지는 아이들의 소식을 접할 때면 이나마 누리고 사는 우리의 무지와 무관심이 누군가에게는 어떻게 이토록 잔인한 형벌인가 싶다. 우리가 마주하기에 불편함을 느끼는 이 진실들이야말로 어쩌면 당연히 알아야 하는 것들이지 않을까 생각하면서도 솔직히 나도 똑바로 바라볼 자신이 없다.

우리는 정말 많은 소비를 한다

우리 식구는 뚜벅이다. 헬싱키 시내의 대중교통 시스템이 워낙 잘 갖추어져 있어 자동차의 필요성을 크게 느끼지 못한다. 만약 차를 산다면 어떤 차를 사야 할까를 고민한 적이 있다. 고갈이 예견된 화석연료와 이를 연소하며 발생하는 탄소 배출량을 생각했을 때 전기 자동차 혹은 적어도 하이브리드 자동차를 구입하는 것이 이치에 맞는 선택이라는 결론을 내렸다.

그런데 여기서 잠깐, 생각을 더해볼 필요가 있다. 정말 전기차는 탄소 배출과 관계가 없을까? 화석연료를 태우며 달리지 않으니 그런 것도 같지만 LCA^{Life-cycle accessment}, 즉 재료의 추출부터 제조-유통-사용-수리-유지-폐기 및 재활용까지 제품 수명의 모든 단계를 종합적으로 살펴보면 상황은 다를 수 있다는 연구 결과를 접했다. 대형 배터리가 탑재되는 대형 전기 차의 LCA 탄소 배출량은 대형 휘발유 차에 비해서는 적지만 소형 휘발유 차보다는 많았다. 아직도 전력 생산에 많은 비중을 차지하는 발전 방식이 화력발전이고, 이 화력발전의 연료로 석탄이 차지하는 비율이 아주 높기 때문에 생산 과정과 전기 자동차의 배터리 충전에 쓰이는 화력발전의 탄소 배출량이 문제가 되는 것이다. 미래에 대체에너지 기술이 발전하고 재생에너지로 생산한 전기를 보편적으로 사용할 수 있게 된다면 전기 차의 탄소 배출량은 크게 줄어들 것으로 기대한다고 한다.♦ 이쯤 되면 참으로 어렵다는 생각이 든다. 휘발유를 쓰지 않는 전기 차를 타면 문제가 해결될 거라 생각했는데, 우리가 알아야 하는 사항은 생각했던 것보다 훨씬 많고, 상황은 매우 복잡하게 얽혀 있다.

이렇게 우리는 실로 '의도치 않게' 굉장히 많은 자원과 에너지를 소비한다. 슈퍼마켓에 한번 다녀오면 쉽게 알 수 있다. 과일과 고기를 포장하고 있는 플라스틱 랩과 스티로폼, 통조림, 우유갑, 요구르트 통 등 참으로 다양한 재료가 먹거리의 안전하고 위생적인 이동이라는 소기의 목적을 달성함과 동시에 버려진다. 쓰레기통으로 직행하는 이 쓰레기들은 보이지 않는 자원과 에너지인 셈이다. 이 '쓰레기'들을 만드는 데에도 어마어마한 양의 자원과 에너지가 사용되었을 것을 생각하면 어떻게 써야 할지 아는 바가 없어 안타깝다. 그렇다고 내가 물질문명을 누리는 것에 부정적인 것

♦　조계완, '전기 차는 모두 친환경? 배터리 커지면 글쎄…',《한겨레》, 2017년 12월 31일자 인터넷 기사.

은 결코 아니다. 나 역시 문명의 이기를 마음껏 누리며 별다른 불편함을 느끼지 못하며 살아왔고, 동시에 자연에는 그 어떠한 보답도 한 적이 없다.

게다가 지금은 온라인 쇼핑의 전성시대다. 대부분의 물건은 몇 번의 마우스 클릭 후 며칠 뒤면 문 앞에 도착하고 그중 상당수는 바로 반품되거나 서랍 깊은 곳으로 직행하기도 한다. 때로는 물건이 너무 저렴해 반품 없이 환불을 해주는 경우도 있다. 또 물건이 망가졌을 때 고치는 것보다 새로 사는 것이 저렴한 경우도 적지 않다. 반품을 하는 경우 나에게 필요 없는 물건이니 되돌려 보낸다고는 하지만 그 과정에서 소비되는 에너지는 무시해도 괜찮은 것일까? 그 어느 때보다도 편리한 소비와 쉬운 폐기를 위해 만들어진 듯한 이 세상에서 과연 우리는 이대로 괜찮은 걸까?

환경 문제는 점점 불어나 쏜살같이 달려오는 느낌을 지울 수 없다. 극지방의 빙하가 녹는다는 소식이 들려와도, 바다 위에 플라스틱과 폐비닐들이 떠다니며 섬을 이룬다는 소식을 들어도 우리는 물리적 거리 덕분에 무시할 수 있었다. 그러나 한국도 한때는 세계의 공장이었듯 자본주의의 이름 아래에서 공장은 끊임없이 옮겨 다니며 우리가 사는 지구를 오염시킬 것이다. 현대사회에서 소비를 외면하고 살기는 불가능하다. 다만 현재 우리의 소비 습관과 생산 과정의 문제점을 의식하고 질문을 한다면 상황은 바뀔 수 있을지 궁금해진다.

2018년 봄, 한국에서 재활용 쓰레기 수거 대란이 있었다는 소식을 접했다. 우리가 버린 쓰레기는 국내에서 모두 처리되는 것이 아니고 중국으로 수출해왔으나, 중국 내의 환경 의식이 높아지며

2017년 중국 정부가 24개 품목의 쓰레기 수입을 중단하겠다는 계획을 발표하고 2018년 1월부터 시행에 들어간 것이 이 사태의 가장 큰 원인으로 꼽힌다. 이번 사건으로 곤란을 겪었던 것은 비단 우리나라뿐만이 아니다. 중국의 선언으로 미국과 유럽의 국가들 역시 혼란을 겪었다. 그 후 다른 동남아 국가들이 바통을 이어받아 쓰레기를 수입하기 시작하며 급한 불은 껐다. 이번 사건은 재활용 쓰레기 특히 폐비닐과 플라스틱 쓰레기를 처리하기 위해 그 지역이 감당해야 하는 환경오염이 심각하다는 것을 여실히 드러낸다.◆

　이 문제는 결국 지구 전체의 문제다. 계속 이대로라면 쓰레기를 처리하는 나라는 동남아에서 또 다른 나라로 이동해 갈 뿐 근본적인 변화는 없을 것이다. 자원은 무한하지 않고 재활용 기술 역시 필요하지만, 결국 가장 중요한 것은 우리의 생산 방식과 소비 방식을 되짚어보는 것 아닐까?

◆　강연실, '재활용 쓰레기 사태, 세계 위험 산업의 관점에서 보자', 《한겨레》, 2018년 4월 13일자 인터넷 기사.

2장.
헬싱키에서 중고 문화를 만나다

중고 가게의 도시 헬싱키

상상을 초월하는 중고 가게의 숫자

이 낯선 땅에 유학을 오겠다고 마음먹었을 때 핀란드에 대해 아는 것이라곤 고작 세계적 건축가 알바 알토^{Alvar Aalto}♦와, 다니게 될 헬싱키디자인대학교뿐이었다. 처음 헬싱키로 날아오던 날이 아직도 생생하다. 당시 2005년에는 직항이 없어서 다른 유럽 도시들을 경유해야만 했다. 파릇파릇한 젊음에 근거 없는 패기까지 더해져 가장 저렴한 비행기로 두 번을 갈아타고 목적지에 도착하니 어그러

♦ 알바 알토(1898~1976)는 핀란드의 건축가이자 디자이너로 그의 작업은 핀란드의 모더니즘을 대표하며 세계적 명성을 얻었다. 그의 건축물은 헬싱키를 비롯한 핀란드 전역과 미국, 독일, 프랑스 등지에 남아 있으며 그의 가구는 아르떽(Artek)에서 여전히 판매하고 있다.

진 시차와 부족한 잠, 혼자라는 막막함 앞에선 그 젊음도 속수무책으로 파김치가 되었다. 이 무렵 기내식에 대한 환상도, 비행에 대한 설렘도 사라진 것 같다.

우여곡절 끝에 찾아간 학생 아파트는 그야말로 텅 비어 있었다. 당황할 시간도 잠시, 사람다운 생활을 하기 위해서는 서둘러 세간살이를 장만해야 했다. 그때만 해도 헬싱키 생활에 대한 정보를 온라인에서 찾기는 매우 어려웠는데, 다행히도 고마운 누군가가 유학생들이 겪을 고초와 혼란을 줄여주기 위해 온라인 카페에 올려놓은 정보를 겨우 발견했다. 거주 등록, 교통 카드 신청, 은행 계좌 열기, 학생증 신청 등을 시간 낭비 없이 가장 효율적으로 처리하는 조언을 얻은 뒤, 기대치 않게 갖가지 생활용품을 저렴하게 구매할 수 있는 중고 가게에 관한 정보 역시 얻을 수 있었다. 마침 커다란 '재사용 센터Kierrätyskeskus'가 다니게 될 학교에서 그리 멀지 않은 곳에 있음을 알게 되었다.

호기심으로 찾아간 재사용 센터는 멀리서도 눈에 뜨일 만큼 커다란 붉은 벽돌 건물로, 외벽에는 재활용/재사용을 상징하는 화살표 그림이 그려져 있어 누가 보아도 쉽게 알아차릴 수 있었다. 중고 물건을 취급하는 가게를 방문하는 것은 처음인지라 조금은 긴장감을 느끼며 가게에 들어섰으나, 정돈된 실내와 재미있는 물건들이 눈에 들어오자 굳은 시선은 이내 서서히 풀어졌다. 내부는 갖가지 물건으로 가득 차 있었고 품목별로 정리가 잘 되어 있었다. 1층에는 부피가 작은 주방용품, 책, 의류, 가전제품 등이 있고 2층에는 부피가 큰 가구와 이를 수리하는 공간이 자리하고 있었다. 책상과 의자, 탁자, 조명 등 당장 필요한 물건들을 한

헬싱키 낄라사리에 위치한 가장 오래된 재사용 센터다.

꺼번에 구매한 후 친절한 직원의 배려로 지체 없이 바로 물건을 싣고 트럭 조수석을 얻어 타고 텅 빈 집으로 곧장 향할 수 있었다. 그 후로 학교를 오가는 길에서 중고 가게가 하나둘 눈에 띄기 시작했고, 그리 오래지 않아 도심에 있는 중고 가게의 숫자가 상상을 초월한다는 것을 알게 되었다.

　헬싱키 도심에서 중고 가게를 찾는 일은 결코 어려운 일이 아니었다. 핀란드에서 '끼르뿌또리Kirpputori', 혹은 '끼르삐스Kirppis'라 불리는 중고 가게는 시내를 가면 두세 블록마다 하나씩 반드시 있고, 동네마다 서너 개씩은 당연히 있다. 또한 시내 곳곳에 정기적으로 실내, 실외 벼룩시장이 열리고 관련된 시민 주체 행사 역시 빈번하다. 지방 도시, 작은 마을도 예외는 아니다. 중고 가게나 벼룩시장을 방문해보면 남녀노소 가리지 않고 많은 사람들이 타인의 시선은 전혀 의식하지 않고 쇼핑을 즐긴다. 중고 가게를 방문하는 것이 결코 그 사람의 경제적 사회적 지위를 나타내는 행위가 아니며, 타인의 손길을 탄 물건을 구매하는 것이 감춰야 하는 부끄러운 일이 아니다. 필요한 물건을 저렴하게 살 수 있어서 좋고, 환경에 도움이 되어 좋은 일이다. 어느새 나에게도 주말에 친구들과 벼룩시장을 놀러가는 것이 일상의 한 부분이 되었다. 자연스레 단골 중고 가게도 생겼다. 특정한 목적이 있어서라기보다는 시간을 때우거나 구경을 하며 스트레스를 해소하기도 하고 물건들을 바라보며 이런저런 복잡한 생각을 정리하기 위함이었다.

　핀란드에서 중고 문화가 강한 이유는 무엇일까? 많은 핀란드 사람들에게 이 질문을 던졌으나 대부분은 잘 모르겠다는 반응을 보였다. '우리가 어렵게 자라서 그래', '돈이 별로 없어서 필요한

재사용 센터의 내부는 사람들이 기부한 갖가지 생활용품으로 가득하다.

게 있으면 중고 가게에 먼저 갔어. 거긴 싸거든'이라는 대답이 돌아왔다. 자신들에게는 그게 너무 자연스러운 일상이라 내가 던진 질문 자체가 굉장히 신선하다는 말도 덧붙였다.

그러고 보니 핀란드에 오기 전까지 중고 가게에서 물건을 구매해본 경험이 없다는 사실을 문득 깨달았다. 어릴 적부터 언니와 친척들의 물건을 물려받기는 했지만 실제 가게에 들어가서 진열된 물건들을 구경하고 골라보았던 경험은 단 한 번도 없었다.

처음 몇 번은 단순히 필요한 물건을 쉽고 저렴하게 구하고자 찾아갔던 중고 가게였지만, 이내 그 매력에 빠져들었다. 작은 티스푼부터 커다란 가구까지 백화점을 방불케 하는 다양한 물건들을 취급하고 있는 중고 가게에는 과거와 현재가 혼재하고 당연히 같은 물건이 여러 개 구비되어 있지 않다. 수년, 길게는 수십 년의 긴 시간 동안 여러 사람의 손을 거친 후에도 망가지지 않고 살아남아 중고 가게에 무사히 안착한 물건들과, 이를 무심히 버리지 않고 가치를 부여해 기꺼이 가게까지 가져온 사람들에게 묘한 고마움을 느끼기도 했다.

중고 문화를 향한 나의 관심이 핀란드의 오래된 디자인 제품에 혹해서인지, 아니면 핀란드라는 이국적 배경에 취해서인지, 아니면 스스로 좋은 일을 하고 있다는 얄팍한 자부심 때문인지는 잘 모르겠다. 하지만 핀란드의 중고 문화가 나의 취향만을 오롯이 담은 구매를 하는 즐거움과 함께 현재와 미래 그리고 나 자신에 대해 깊이 생각해볼 수 있는 기회를 준 것임은 분명하다. 시간이 흐르며 나의 관심은 자연스레 핀란드 중고 문화 성장의 배경으로 향했다.

 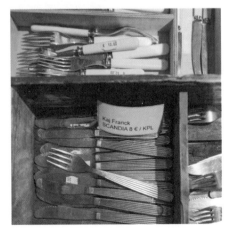

헬싱키 시내에서 마주친 다양한 중고 가게들

중고 가게는 '순환 경제circular economy'의 현장이다. 오늘날 경제는 '수취take-제조make-처분dispose'을 하는 3단계 과정으로 운용되는 선형 경제linear economy로 이는 산업혁명과 함께 탄생했다. 선형 경제에서는 자원을 채취해서 제품을 만들고 그 쓰임이 다하면 버리므로 자원이 순환될 수 없다.♦ 자원을 추출해 제품을 생산하면 소비자의 손에서 폐기됨과 동시에 그 물건의 수명은 다한다. 선형경제는 저렴한 자원의 지속적인 이용 가능성에 의존할 수밖에 없는데 점차 자원 가격의 급등 및 변동성 심화, 또 자원 고갈 징후의 확산으로 그 기반이 흔들리고 있다. 2030년까지 세계적으로 30억 명의 새로운 중산층이 늘어날 것으로 예상되는 상황에서 과연 이처럼 일방향의 소모적 방식이 유지 가능한지도 의문이다.♦♦ 순환 경제는 말 그대로 선의 양 끝을 묶어 둥글게 순환하는 경제구조를 만드는 것이다. 기존의 '처분'에서 끝나던 제품을 수리나 재활용, 재사용 등의 과정을 통해 다시 사용 가능하게 만드는 것이다.

재활용과 재사용은 다르다. 이 둘은 비슷한 어감 때문에 종종 혼동되어 쓰이곤 한다. 재활용Recycle은 재처리 과정을 통해 제품을 다시 새로운 제품의 원료로 만드는 것이다. 재활용을 위해서는 제법 높은 수준의 기술력이 뒷받침되어야 한다. 재활용 과정에서 일어나는 원료의 가공과 합성은 재활용 이전과 이후의 원료 성

♦   이인식, '자연에서 답을 찾는 순환 경제',《나라경제》, KDI 경제정보센터, 2014년 11월호.
♦♦   장보형, "세계경제 생산성 둔화 심각…'순환 경제'가 필요하다",《한겨레》, 2014년 2월 2일자 인터넷 기사.

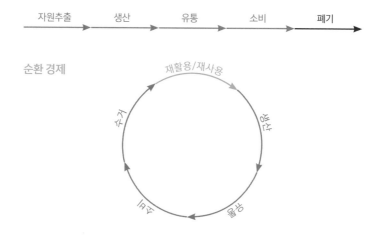

선형 경제

자원추출 → 생산 → 유통 → 소비 → 폐기

순환 경제

재활용/재사용

추가

생산

소비

유통

질에 차이를 준다. 그 결과 강도가 약해지거나 품질이 떨어지거나 물성이 변화하여 다른 재료와의 합성을 요하는 경우가 많으며, 그 과정에서 에너지가 쓰인다. 반면에 재사용Reuse은 제품의 전부 혹은 그 일부를 그대로 다시 사용함을 일컫는 용어다. 재사용은 재활용과는 달리 특별히 다른 가공 과정을 거치지 않고 물건을 있는 그대로 사용하거나 아주 간단한 수리를 거쳐 사용하는 것이다. 중고 문화는 이 재사용 문화의 중심에 있다. 개인이 중고 문화에 참여함으로써 소비자가 물건의 수명을 늘이는 주체가 되어 선형 경제에서 순환 경제로 그 모양새를 변형시키는 힘을 갖게 되는 것이다.

상상 속의 북유럽 국가와는 달랐다

디자인 강국의 이면

모더니즘modernism◆은 핀란드 디자인을 대표한다. 알바 알토와 카이 프랑크Kaj Franck◆◆로 대표되는 핀란드 디자인의 모더니즘은 전쟁 이후 대량생산이 보편화된 1950년대 전후로 유럽의 공감을 사

◆　모더니즘은 유럽을 휩쓴 사상으로 철학, 예술, 문학, 과학 등 다양한 분야에 걸쳐 등장해 우리 생활상에 깊은 영향을 주었다. 19세기 말에서 20세기 초, 두 차례의 세계대전을 거치며 무너진 도시를 다시 세우고 성장을 도모하는 과정에서 모더니즘은 전통과 권위로부터 벗어나려는 급진적 움직임으로 나타난다. 건축과 디자인 분야에서는 장식을 배제하고 기능을 앞세운 간결함을 추구하여 산업혁명과 함께 변화하는 시대에 어울리는 새로운 형태를 창조하고자 했다.

◆◆　카이 프랑크(1911–1989)는 1940년대부터 1980년대까지 핀란드 디자인을 대표하는 인물이다. 도자 회사인 아라비아(Arabia)의 아트 디렉터로 오랜 시간 일하며 많은 작품을 남겼다. 그의 대표작인 떼마(Teema) 시리즈와 까르띠오(Kartio) 시리즈는 아라비아/이딸라(littala)에서 여전히 생산되고 꾸준히 사랑받고 있다.

며 핀란드를 '디자인 강국'의 반열에 올려놓았다. 직설적이고 과감한 핀란드만의 독특한 정취는 기능성과 단순미와 만나 핀란드 디자인만의 세계를 구축했고, 이는 현대까지도 세계의 관심과 사랑을 받고 있다. 이렇게 디자인의 관점에서만 바라보았을 때 핀란드는 마치 세련미와 우아함의 상징 같다.

예전에 TV 채널을 돌리다 보면 멋진 클래식 음악과 함께 유럽인들의 여유로운 일상을 조명하는 프로그램을 볼 수 있었다. 웅장하고 로맨틱한 선율의 음악을 배경으로 아기 천사의 나팔에서는 끊임없이 물이 뿜어져 나오고 잔디밭 위에는 한낮의 소풍을 즐기는 사람들이 고풍스런 석조 건물을 배경으로 누워 있다. 항구에 정박된 요트들은 남실거리는 파도에 맞춰 흔들거리고 사람들은 돛대가 만든 능선을 배경 삼아 조깅을 한다. 이런 프로그램을 보고 있노라면 세계에서 가장 살기 좋은 나라, 행복한 나라를 묻는 설문 조사 결과 속에서 항상 서로 상위권 다툼을 하는 북유럽 국가들에 사는 사람들은 애초부터 모든 걸 다 가진 별세계 사람들인 것만 같다.

그러나 실제로 마주한 헬싱키는 상상 속 북유럽과는 달리 참으로 심심하고 밋밋했다. 유럽권 국가에 쉬이 기대하는 고풍스러움도, 웅장함도, 낭만도 한 번에 느끼기 어려웠다. 물론 한국에 살 때에도 집에 있는 것을 제일 좋아하는 '집순이'에 멍석을 깔아줘도 놀 줄 모르는 재미없는 '범생이'였기 때문에 화려한 네온사인과 북적이는 사람들을 고대한 것은 아니었지만 어디를 가나 심심한 그 분위기가 적잖이 당황스러웠다.

처음 내 주의를 끈 것은 단연 핀란드 사람들이었다. 상상 속

위 I 헬싱키 대성당(Tuomiokirkko, 뚜오미오끼르꼬)의 흰색과 푸른색의 조합은 소박하고 정적인 핀란드의 성격을
그대로 드러내는 도시의 상징이다.
아래 I 겉치레 없이 솔직하고 수수한 모습은 내가 가장 좋아하는 헬싱키의 모습이다.

북유럽은 세련되고 여유로운 모습으로 풍족한 일상을 한껏 누리는 사람들로 가득했는데, 길에서 본 사람들은 오히려 소박하고 검소하고 어찌 보면 후줄근해 보이기까지 했다. 우리나라 길에서 흔히 눈에 띄는 명품 가방도, 옷도 찾아보기 어려웠다. 물론 이는 어떤 나라에 가든지 겪을 현상일 것이다. 모두가 예술가이고 연예인일 것 같은 뉴요커도, 파리지앵도 다 매체와 우리의 기대가 빚어낸 환상에 불과할 뿐, 그 도시에서 매일매일 사는 대부분의 사람들은 실은 지극히 평범한 일상을 반복할 뿐이다.

어디서나 조용하고 무뚝뚝한 표정의 핀란드 사람들은 타인에게 쉬이 관심을 주지 않고 타인의 시선 또한 그리 신경 쓰지 않는다. 무엇을 하던 결국 '우리'로 점철되고, '우리'를 강조하는 한국적 사고방식이 지배하는 나의 태도는 이러한 '개인주의'가 만연한 핀란드의 분위기가 어색할 수밖에 없었다. 멋진 바지 정장을 입은 여성이 운동화를 신고 튼튼해 보이는 커다란 검정색 배낭을 매고 양 갈래로 머리를 묶고 열심히 자전거 페달을 밟으며 시내 한복판을 가로지르는 모습은 14년이 지난 지금까지도 내 머릿속에 깊이 남아 있다. 내가 그동안 얼마나 불필요하게 정형화된 외모나 행동의 표준에 사로잡혀 나와 타인을 관찰하고 판단해왔는가 깨달으며 스스로에게 놀랐던 순간이었다.

학교에서 만난 학생들도 마찬가지였다. 앞서서 학교로 걸어 들어가는 학생의 스타킹에 구멍이 나 있는 모습을 보고 이를 당사자에게 귀띔이라도 해줘야 하나 말아야 하나를 뒤에서 혼자 한참 고민했었다. 다행히 결국 아무 말도 하지 않았지만, 망설였던 그 찰나의 순간에는 그 학생이 구멍을 발견하면 매우 부끄러워할 것이고 이를 알려준 나에게 고마워할 것이라는 섣부른 생각을 했었다. 누가 며칠씩 같은 옷을 입든, 누가 화장을 전혀 하지 않든, 반대로 항상 과하게 하든 그것은 전혀 대화의 주제가 되지 않았다. 그렇다고 내가 패션에 관심이 많은 것도 옷을 잘 입는 것도 결코 아니지만 언제나 무엇인가가 반드시 유행하고 높고 과한 미의 기준을 모두에게 일괄적으로 씌우는 우리나라에 살다가 이곳에 오니, 갑작스레 주어진 자유 아닌 자유가 너무 어색해 길거리에 무언가 흘리고 온 것 마냥 안절부절못하는 나를 발견했다.

길거리도 매우 심심했다. 물론 지금은 약 10여 년 전과 비교해 도시인구도 늘어나고 상점과 식당도 역시 많아졌지만, 오래전에 지어진 건물들은 기후 탓에 그 외관이 폐쇄적이고 길거리에는 우리에겐 익숙한 화려한 간판도, 현란한 광고 영상도, 문을 뚫고 흘러나오는 음악 소리도 여전히 없다. 북유럽을 여행하는 한국 사람들 중에 적지 않은 수가 헬싱키를 '볼 것 없는 곳'으로 취급하며 짧게는 반나절에서 길게는 하루 이틀만 머물다 가곤 한다. 볼 만한 것이 없다고 느끼는 것은 어쩌면 당연한 것일지도 모르겠다. 스톡홀름, 코펜하겐과 비교해 헬싱키의 역사는 훨씬 짧아 소위 사람들이 기대하는 역사적 건축물이 부족하고 인구 역시 적고 도시의 크기도 작기 때문에 그만큼 상업화가 덜 되어 있다. 비록 짧은 시간 머물다 가는 관광객에게는 심심한 도시일 수 있지만, 매일매일 사는 사람들에게는 적응하기 쉬운 편안한 도시라는 것을 14년의 시간을 살며 깨달았다. 그 시간 동안 천천히 내가 기존에 머릿속에 가지고 있던 북유럽 사람들의 '여유'가 무엇인지 다시금 생각해볼 수 있었다.

한가롭고 심심한 모습은 헬싱키의 고유한 매력이다.

옛 목조 주택이 만드는 도시의 풍경이 평화롭기만 하다.

그동안 내가 생각해온 여유의 정의는 경제적인 능력과 직결되어 있었다. 이것도 물론 맞는 말이다. 자본주의 사회에서 돈으로 구매해야 누릴 수 있는 것들이 많기 때문에 어느 정도의 경제력을 갖추고 있는 것이 도움이 된다. 그러나 이 사회에는 개인의 돈으로는 해결할 수 없는 다른 무언가가 있음을 느꼈다. 핀란드를 비롯한 북유럽 국가들은 공공재가 잘 발달해 있다. 어린이집부터 대학원까지 학비는 무료이고, 의료 서비스도 무료다. 인구 대비 세계에서 가장 많은 수의 공공 도서관과 박물관을 자랑하고 그 수준 또한 매우 높다. 시민의 앞마당 역할을 하는 공원도 시내 곳곳에 많이 조성되어 있고 자연도 잘 보존되어 있다. 신뢰를 바탕으로 개개인의 삶을 존중하며, 특히 가족과의 시간과 개인의 시간은 철저히 보장한다. 행정은 우선시되는 정보를 대상에게 효율적이고 합리적으로 전달하는 데에 목표를 두고, 이에 더불어 다양한 지원 프로그램이 개개인의 사정을 고려해 보조하도록 발달해 있다. 소득 수준이나 재산 유무 등에 관계없이 국민 누구나 자신에게 맞는 혜택을 받고 보호를 받을 수 있으며 이러한 사회 안전망이 이들에게 돈으로는 환산할 수 없는 여유를 선사하는 것이다.

나 역시도 학생 때는 알 수 없었던 다양한 종류의 사회적 지원 프로그램을 아이를 낳고 기르며 접하게 되었다. 출산 전까지 필요한 정기검진과 초음파검사는 국가의 지원을 통해 모두 무료로 진행되었고, 국내 모든 산모의 출산을 담당하는 국립 병원에서는 예비 부모를 대상으로 출산에 대한 기본적인 교육과 병원 시설 소개를 무료로 실시한다. 출산 약 100일 전에는 모든 산모에게 출산 직후와 육아에 필요한 다양한 물건들이 들어 있는 '모성 상자

Äityspakkaus'◆가 배달된다. 8킬로그램에 육박하는 이 커다란 상자는 핀란드 복지국Kela에 등록이 되어 있는 사람이라면 자국민과 외국인을 가리지 않고 누구나 신청할 권리를 가지며, 만약 상자를 원치 않을 경우에는 145유로의 현금을 대신 수령할 수도 있다. 배냇저고리, 내복, 티셔츠, 바지, 방한복 등과 같은 여벌옷과 모자, 양말, 손톱 가위. 온도계, 수건. 칫솔, 로션, 턱받이, 동화책 등으로 구성된 이 상자 안의 물품은 정기적 설문 조사를 통해 시대의 흐름, 사회적 인식을 반영해 재검토하고 수정된다. 의류는 아이의 성별에 구애받지 않고 입힐 수 있도록 중성적인 형태와 색상을 띠고 있다. 출산 후에는 양쪽 부모 모두에게 유급 출산휴가가 주어지는데 이는 아이의 부모가 모두 육아에 참여할 수 있는 사회적 분위기를 조성한다. 아이가 세상에 나오면 초등학교에 들어가기 전까지 모든 정기검진은 무상으로 진행되며 18살까지 치과 진료는 무상이다. 몇몇을 제외하고는 대부분이 국공립 어린이집, 유치원인데 각 가정의 소득에 따라 어린이집 비용은 달리 계산된다.

아이를 낳아 기른다는 것은 정말 어떻게 해도 쉬운 일이 아니다. 그러나 나라가 아이를 반겨주고 있다는 기분, 아이가 있는 가

◆　모성 상자에는 육아에 필요한 물건뿐 아니라 산모에게 필요한 수유 패드, 생리대, 너무 빠른 재임신을 막기 위한 콘돔도 들어 있다. 상자 안에는 총 30가지가 넘는 물건이 들어 있고, 빈 상자는 신생아의 침대로 쓸 수도 있다. 상자 내용물 중에는 매트리스와 침대보, 이불 등도 함께 들어 있어 작은 아이가 어느 정도 자랄 때까지 사용할 수 있다. 핀란드에는 이 상자를 집집마다 예쁘게 장식하는 문화가 있다.

모성 상자를 포함한 신생아와 임산부를 위한 국가적 지원은 1937년 법으로 만들어져 시행되었다. 당시 핀란드는 세계에서 손꼽히는 저출산 국가에 설상가상으로 영유아, 임산부 사망률이 매우 높은 나라였기 때문에 국가적 차원의 정책 마련이 시급했다. 초반에는 수입이 적은 가정에만 지원을 했으나 1949년부터 모든 핀란드 엄마들로 혜택의 수혜자를 늘렸다.

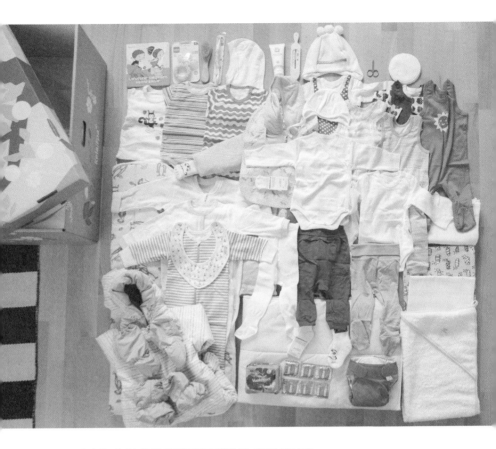

모성 상자는 태어날 아이를 환영하고 부모를 존중하는 의미를 담고 있다.

정을 인정하고 보호하고 있다는 기분 그리고 아이를 가진 부모를 우대하는 사회적 분위기가 경험이 없는 부모에게 커다란 안정감을 준다. 작은 배려가 쌓여 국민들에 정신적인 여유를 주고 삶을 대하는 태도에 큰 변화를 가져다준다.

보통 사람들의 나라

핀란드는 우리나라와 역사적 배경을 공유하는 부분이 있다. 가진 것이라곤 넓은 암반의 땅과 빙하가 할퀴고 간 자리에 남은 호수, 나무가 전부인 이 척박한 땅은 역사상 쭉 강대국이었던 러시아와 스웨덴 사이에 낀 부족국가의 영토다. 이 두 강대국은 서로를 견제하기 위해 핀란드의 땅을 전략적 요충지로 사용했다. 13세기경부터 오랜 시간에 걸쳐 핀란드의 서쪽 해안 도시들을 중심으로 아주 천천히 나라의 모습을 갖추어가기 시작했다. 시간이 흐르며 하나의 국가로 인정받고 싶어진 핀란드는 스웨덴 치하에서 자연스러운 독립을 기대했으나 1809년부터 러시아의 통치하에 놓이게 되었다. 1917년 어수선한 국제 정세를 틈타 독립을 선언하지만 그 이후로도 오랫동안 상황은 쉽사리 나아지지 않았다. 세계 전역을 휩쓴 전쟁과 러시아와의 끊임없는 국경 분쟁 그리고 내전까지 더해져 갓 독립한 핀란드는 심한 몸살을 앓았다. 전쟁 후 쓰러진 도시들을 다시 일으켜 세우는 과정에서 산업화와 기계화의 파도를 만나며 괄목할 만한 경제성장을 이루었고 드디어 그토록 그리던 안정적인 삶을 찾는 듯했으나 단꿈은 그리 오래가지 않았다. 극심한 경기 침체로 1990년대 초에는 전 국민들은 대상으로 배식을 했을 정도로 믿기 힘들 만큼 최근까지 어려운 시간을 보냈다. 우리가 쉽게 상상하는 풍족한 북유럽 국가의 이미지와는 많이 동떨어진 역사적 사실이다.

그리고 보면 핀란드는 다른 북유럽 국가들과는 조금 다른 배경을 갖고 있다. 서로 매우 비슷한 언어를 사용하는 스웨덴, 덴마크, 노르웨이에는 오래전부터 왕족이 있어왔다. 오랜 전통과 연식을 가진 유명 공예품 브랜드 중에는 '로얄Royal'이라는 호칭을 붙여 과거 왕족과 귀족이 사용하던 물건임을 드러내기도 한다. 이들은 현대에도 어김없이 고급 고가의 브랜드로 인식된다. 수렵 채집의 나라인 핀란드에는 왕족이 없었다. 현재 세계적으로 사랑받는 다양한 핀란드 디자인 제품들이 있지만 이는 일반적 생활용품이고 다른 유럽 국가들의 그것과 비교해 감당하기 힘들 만큼의 고가 럭셔리 브랜드는 존재하지 않는다. 핀란드는 보통 사람들의 목소리로 만들어진 나라인 것이다. 핀란드의 중고 문화를 관찰해보면 보통 사람들의 일상을 반영하는 물건들이 거래의 주를 이루고 있고 이러한 물건들을 자연스레 사고파는 모습이 이 나라의 중고 문화를 풍족하고 단단하게 만들어줌을 알 수 있다.

열악한 기후와 척박한 지리적 요건 속에서 절대 다수의 보통 사람이 자원이라는 것을 진즉 체득했던 것일까? 인구가 적어 빠른 변화와 적용이 가능하겠지만, 대다수인 보통 사람들이 더 잘 살기 위해 무엇을 해야 하는지를 끊임없이 생각하고 더 나은 결과를 위해 변화에 지체하지 않는 성질은 오늘날까지도 고스란히 이어지고 있다. 척박한 환경에서 발전을 일구어낸 핀란드인이라는 자부심과 함께 스스로를 변방의 작은 국가의 국민이라 여기는 열

핀란드 중고 행사와 중고 가게는 보통 사람들이 만드는 평범한 일상의 물건들로 가득하다.

등감 역시 골고루 섞인 이들의 성정에서 특유의 소박함과 솔직함이 묻어난다. 더욱 볼 것 많은 스웨덴을 가지 않고 왜 핀란드를 택했냐고 진심을 담아 질문을 해오던 핀란드 친구의 표정이 가끔씩 떠오른다.

그렇다고 모든 핀란드 사람들이 중고 문화를 즐기는 것은 또 아니다. 사람들을 만나 인터뷰를 하며 자세히 알게 된 사실이지만 모두가 어려웠던 1900년대 중반을 살았던 세대 중 중고라면 손사래를 치는 사람들도 적지 않다고 한다. 그 당시에는 물건 자체가 적었고 타인의 손을 거친 헌 물건을 쓰는 것이 오히려 당연했다. 새 물건을 사는 호사를 누릴 수 있는 사람은 소수였기에 자신의 취향을 담은 물건을 가질 수 있는 기회는 누구에게나 쉽게 오지 않았다.

그렇다면 그렇게 모두가 힘들었던 시절을 지나 풍족해진 현재, 어째서 젊은 세대들은 중고 문화를 거리낌 없이 즐기는 것일까? 어떻게 그렇게 많은 수의 중고 가게가 있을 수 있는 것일까? 궁금해지기 시작했다.

없는 게 없는 중고 가게랍니다

다양한 중고 가게들

흔히 중고 가게라고 하면 낡고 오래된 제품을 무료로 기부하거나 아주 저렴한 가격에 판매하는 가게와 아주 고가의 희귀한 골동품을 취급하는 가게, 이렇게 양 극단의 이미지를 떠올리기 쉽다. 헬싱키에서 적지 않은 시간을 살며 다양한 중고 가게를 살피다 보니 한 가지 흥미로운 특징을 발견할 수 있었다. 핀란드에는 중고 가게가 세분화되어 이 양극 사이를 메우는 가게들이 많다는 점이다. 중고 가게를 포함한 중고 문화 행사들은 가격, 품목, 연령, 성별, 연대 등에 따라 다양하게 나뉘기 때문에 남녀노소에 관계없이 다수에게 사랑받을 수 있다. 중고 제품 거래 문화를 판매 방식과 가

판매 유형별 가격 분포도

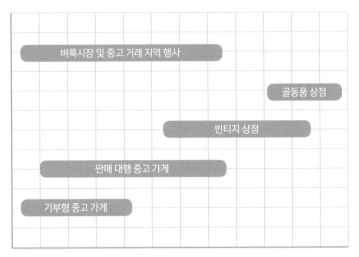

벼룩시장 및 중고 거래 지역 행사

골동품 상점

빈티지 상점

판매 대행 중고 가게

기부형 중고 가게

가격대 낮음 ————————————————→ 높음

격대 등을 고려해 나만의 방식으로 분류해보았다.

　가장 저렴한 가격대에 포진해 있는 '기부형 중고 가게'는 주로 종교 단체나 자선단체 등이 국외에 어려운 처지에 놓인 사람들을 돕기 위한 모금 사업의 일환으로 운영한다. 사람들이 무상으로 기부하는 물건들은 분류 과정을 통해 해당 물건의 상태와 현재 시장에서의 가치 등을 고려해 가격이 매겨진다. 기부 물건들이 곧 판매 제품이기 때문에 기부형 중고 가게에서 판매되는 물건들은 아주 평범하고 일상적인 생활용품이 주를 이루고 유명한 디자인 제품도 종종 만날 수 있다. 자선단체 이외에도 개인이 직접 운영하는 소규모의 기부형 중고 가게도 동네에서 어렵지 않게 발견할 수 있다.

핀란드에 와서 가장 눈여겨보게 되었던 흥미로운 형태의 '판매 대행 중고 가게'는 누구나 자신이 쓰던 물건을 손쉽게 판매할 수 있도록 선반을 대여해주고 이 진열품들을 대신 판매해준다. '잇세빨베루 끼르뻬스Itsepalvelu Kirppis'라고 부르는데, 일반적인 형태의 잇세빨베루 중고 가게 안에는 동일한 크기와 형태의 선반들이 즐비해 있다. 판매 희망자가 원하는 판매 시기와 선반 위치 등을 지정하여 예약하면 사전에 제품에 붙일 수 있는 바코드 스티커를 지급받게 된다. 그러면 본인의 판단에 따라 직접 가격을 매겨 물건에 스티커를 붙인 후 약속된 판매 시작일에 선반에 진열하면 판매를 시작할 수 있고, 약속된 판매 종료일에 선반에 남은 물건을 정리하고 선반 대여료를 제한 차액을 돌려받는다. 판매자가 직접 손님을 상대하지 않고 물건을 팔 수 있어 시간과 에너지를 절약하고, 동시에 사용하지 않는 물건들을 이윤을 남기고 처분할 수 있다는 점에서 핀란드에서는 인기가 많고 보편화되어 있다. 가격은 판매자가 결정하기 나름인데, 정해진 가격대라는 것이 존재하지 않지만 대부분 저렴하게 판매된다. 이렇게 선반이 판매자마다 따로 주어지는 경우가 있는가 하면 판매하고자 하는 물건의 수가 그리 많지 않은 경우 낱개로 판매가 가능한 가게도 있다.

오래되어 값어치가 있는 디자인 제품을 파는 '빈티지vintage◆ 상점'도 있다. 핀란드의 디자인 제품들은 고가의 럭셔리 아이템보다는 실용성을 내세운 생활용품 위주로 발달했다. 핀란드 제품 디자인을 국제 무대에 널리 알린 제품들이지만 동시에 국내에서 오

◆　　우리에게 친근한 단어인 빈티지는 말 그대로 '오래됐다'는 뜻으로 동시에 '양질'의 뜻도 내포하고 있다.

랜 시간 동안 사랑받아왔기 때문에 중고 가게에서 찾는 것 또한 그리 어려운 일이 아니다. 의류, 가구, 식기 등 품목별로 방대한 지식과 경험을 겸비한 수집가나 상인이 운영하는 빈티지 상점들을 찾을 수 있다. 다양한 품목의 제품을 한데 모아 판매하기도 하고 한 가지 품목만을 정해 전문성을 더한 곳도 있다. 혹은 특정한 시대의 물건만을 취급하는 가게들도 찾을 수 있다. 이런 빈티지 상점에 가면 눈이 즐겁기도 하지만 동시에 핀란드 디자인의 역사를 한눈에 볼 수 있는 박물관 같기도 해 어울리지 않는 경건한 자세를 취하게 되기도 한다. 당시 대량생산된 제품들도 많지만 브랜드의 가치나 제품의 희소성, 품목 등에 따라 가격이 정해지며 대부분 중~고가에 포진되어 있다.

또한 가장 고가를 자랑하는 골동품 상점, 즉 앤티크antique 상점들이 있다. 이들은 우리가 쉽게 상상할 수 있는 오래된 가구를 중심으로 실내장식에 관련된 제품들을 판매하며 핀란드 제품 이외에도 유럽 각지에서 다양한 경로로 흘러들어온 제품 역시 취급한다. 고풍스럽고 고전적인 유럽 스타일이라고 하면 쉽게 설명이 될까?

중고 거래 행사

소매상점 이외에도 중고 문화를 즐길 수 있는 다양한 대안 행사가 발달해 있다. 벼룩시장은 사계절 내내 시내 곳곳에서 열리고, 관련 박람회 역시 정기적으로 열린다. 특히 여름은 야외 벼룩시장의 천국과도 같은 계절로, 도심 공원 곳곳은 본인의 물건을 중고로 판매하는 사람들로 가득 찬다. 희귀한 중고 제품을 수집하는 전문 판매상의 경우 물건의 가격을 높이 책정하기도 하지만, 시민 누구나 참여할 수 있는 벼룩시장은 일반적인 생활용품을 주로 다루기 때문에 가격대는 저렴하다.

요즘에는 다양한 소셜 미디어를 통해 개개인이 활발히 자신의 물건을 중고로 판매하는 것이 더욱 보편화되었다. 특히 페이스북facebook에는 동네마다 중고 거래 장터 그룹이 생성되어 있어 가까운 곳에 사는 사람들끼리 좀 더 편하고 효율적으로 물건을 사고판다.

위에 언급한 중고 가게 말고도 카테고리에 포함되지 않은 다양한 가게들이 많다. 중고 서점이나 중고 운동기구 판매점 등 특정 제품군만을 다루는 곳은 물론이고, 새 제품을 파는 일반 소매점에서 한쪽 선반을 중고 물건에 내어준 가게들도 심심치 않게 찾을 수 있다. 예를 들어, 유모차나 젖병 등의 새 육아용품을 판매하는 가게 한켠에 중고로 옷을 위탁 판매할 수 있는 선반이 마련되어 있어 새 물건을 사러 왔던 사람들이 중고 물건을 사 가거나, 반대로 중고 물건을 보러 왔다가 새 제품을 사 갈 수 있도록 하여 그 경계를 지우기도 한다. 또한 카페에 자리한 선반에 중고 머그잔이나 커피 컵, 유리잔 등 카페와 관련된 제품을 판매해 가게를 찾는 사람들의 눈길을 끌기도 한다.

사시사철 다양한 형태로 누구에게나 열려 있는 중고 가게와 중고 거래 행사들은 어린아이부터 어른들까지 자연스레 참여할 수 있는 분위기가 조성되어 있고, 이 점이 이 나라의 중고 문화를 더욱 강하게 만든다. 기부뿐 아니라 중고로 물건을 사고파는 문화는 이제 그 어느 때보다도 쉽고 자연스럽다. 중고 문화는 일부 특정한 사람들의 전유물이 아니라는 것이다.

다음 장부터는 이중에 핀란드 중고 문화의 성격을 잘 보여주는 기부형 중고 가게, 판매 대행 중고 가게, 빈티지 상점, 벼룩시장 및 중고 거래 행사에 대해 인터뷰와 내 경험을 더해 더 자세히 알아보도록 하겠다.

3장.
기부 물건을 팔아 공익사업에 써요

중고 제품 백화점 '재사용 센터'

단추부터 가전 가구까지

중고 제품 백화점이라 부를 수 있을 만큼 다양한 제품을 취급하고 있는 것이 기부형 중고 가게들의 공통된 특징이다. 평범한 사람들이 기부하는 일상의 물건이 곧 상품이 되다 보니 기부형 중고 가게에서는 옷걸이, 액자, 화분 등 필요한 생활용품을 어렵지 않게 찾을 수 있다. 기부 방법 또한 용이하다. 물건을 직접 가게로 가져다주거나 물건의 부피가 큰 경우 직원에게 배송을 요청할 수 있다. 이 경우에는 직원이 현장을 방문해 물건의 상태를 보고 수거를 허할지 불허할지를 결정한다. 중고 가게에 물건을 기부할 때는 자신이 쓰지 않는 물건을 다른 누군가가 쓸 수 있도록 기부한다

위 | 오울룬뀔라(Oulunkylä)에 있는 재사용 센터 / 사진 © Emmi Korhonen
아래 | 기부형 중고 가게는 다양한 종류의 생활용품을 취급한다. / 사진 © Emmi Korhonen

위 | 사람들이 기부한 물건은 여러 분류 과정을 거치게 된다.
아래 | 뽀르띠뿌이스또(Porttipuisto)에 있는 재사용 센터 / 사진 ⓒ Emmi Korhonen

는 발상을 기저로 한다. 이때 한 가지 유념할 점은 쓸모없는 물건을 타인에게 떠넘기는 것이 아니라 누군가가 가치를 부여하고 구매할 만한 물건이어야 한다는 점이다. 이 점은 모든 기부형 중고 가게들이 강조하는 부분이다.

앞서 언급했던 것처럼 헬싱키에 와서 가장 먼저 방문했던 중고 가게는 재사용 센터였다. 당시에는 재사용 센터에 대한, 또 중고 문화에 관한 그 어떤 배경 지식도, 관심도 없이 단순히 필요와 호기심에 찾아갔었다. 하지만 중고 문화에 본격적으로 관심을 가지고 들여다보니 핀란드 중고 문화의 성장 배경과 미래를 보기 위해서는 이 재사용 센터를 자세히 알아볼 필요가 있음을 깨달았다.

'재사용 운동'이 시발점

부족한 자원은 핀란드를 늘 따라다녔다. 고속 경제 발전을 이룩한 1960, 1970년대에도 풍요와 풍족은 쉽사리 다가오지 않았다. 물건은 비싸고 귀했다. 비록 사람들 사이에서 쓰던 물건을 물려주거나 빌려주는 것은 보편적인 일이었지만 중고 제품을 진열해놓고 판매하는 가게는 그리 흔하지 않았다. 구세군과 같은 자선단체에서 운영하는 중고 가게들이 있기는 했지만 당시 이런 가게들이 취급하던 제품의 상태는 그리 좋지 못했다는 것이 사람들의 일관된 주장이다. 더럽고 낡고 퀴퀴한 냄새마저 나서 뚜렷한 목적이 있지 않고서는 들어서기를 기피하는 장소였다고 사람들은 입 모아 말한다.

1980년대 무렵부터 자원 절약과 환경문제가 서서히 사람들

위 l 기부는 쓸모없는 물건을 떠넘기는 것이 아니라 누군가가 가치를 부여하고 구매할 만한 물건에 새 주인을 찾아주기 위함이라는 것을 유념해야 한다. / 사진 ⓒ Emmi Korhonen
아래 l 가구나 가전제품, 자전거 등은 반드시 전문 인력이 수리를 마친 후 판매한다. / 사진 ⓒ Heikki Kivijärvi

의 관심사로 부상했다. 비영리단체를 비롯하여 일반인들 사이에서도 '재사용 운동Kierrätysliike'이 일어나기 시작하며 무료로 물건을 기부하거나 교환하는 활동이 이루어졌다. 지역 공터와 공원 등지에서 자신들에게 필요 없는 물건을 진열해 무료로 나눠주거나 소액의 돈을 받고 파는 사람들이 줄을 잇자, 이를 지속성을 갖춘 전문 행사로 만들고자 하는 움직임이 일어나기 시작했다. 그러나 이런 행사를 운영하기 위해서는 겉으로 보이는 것보다 더 많은 노력과 시간이 들게 마련이고, 무엇보다도 안정적인 운영을 위한 공간과 자금의 조달이 급선무였다. 다행히 핀란드 환경부Ministry of Environment가 당시 돈 40억 마르까Markka♦를 초기 사업 비용으로 지원하며 이에 화답을 했다. (이는 현재 우리 돈으로 약 6, 7억 원에 달한다.)

1990년 10월 30일, 뀔라사리Kyläsaari에 재사용 센터가 대중에 첫 문을 열었다. 이 재사용 센터가 지어지기 이전에도 물론 중고 가게가 곳곳에 존재하기는 했지만 행정 단체와 직접적으로 닿아 단단한 기반 시설을 갖춘 곳은 처음이었다. 게다가 이전에 쓰레기 소각장으로 쓰이던 건물을 재사용 센터로 탈바꿈시킨 결정은 많은 이들에게 영감을 주기에 부족함이 없었다.

많은 것 같았던 초기 지원금은 시간이 흐르며 서서히 바닥을 드러냈고 재사용 센터는 스스로 굴러갈 수 있는 생태계를 만들어야 함을 깨달았다. 처음에는 사람들이 기부한 물건을 재사용 센터를 찾는 사람들에게 무료로 나눠주거나 일부 물품에 한해서는

♦ 핀란드의 옛 화폐 단위. 1860~2002년까지 사용되었다.

경매를 통해 판매했으나, 1992년부터는 모든 물건에 가격을 매겨 소액의 돈을 받고 팔기 시작하여 이윤을 창출해서 자생력을 갖추려는 시도를 했다. 이러한 급진적 변화에 '어려운 사람들을 돕고자 한다는 재사용 센터가 이들을 대상으로 돈을 벌려고 하다니 믿을 수 없다'는 부정적 반응이 형성되기도 했으나 환경 의식 고취, 자원 절약과 더불어 소비자들의 소비 의식에 변화를 가져오기를 기대하는 재사용 센터의 궁극적 사업 목표가 이 반대 여론을 잠재울 수 있었다. 그 뒤로 재사용 센터는 시민들을 대상으로 수선과 수리, 환경문제에 관한 교육을 실시하고 취약 계층을 적극 고용함으로써 사회적 기업으로서의 그 기반을 천천히 다져가기 시작했다.

그 후 헬싱키시와 HSY^{Helsinki Region Environmental Service Authority}(헬싱키의 쓰레기 수거와 수질 관리를 담당하는 행정기관)가 재사용 센터를 지원하기 시작했고, 곧이어 헬싱키 주변 도시인 에스뽀^{Espoo}와 반따^{Vantaa}, 까우이아이넨^{Kauiainen}도 지원에 동참했다. 현재 수도권 지역에 총 9개의 재사용 센터가 운영 중에 있다.

여러 중고품을 조합해 새 제품도 만든다

재사용 센터에 모인 기부품들은 재확인의 단계를 거쳐 바로 진열장에 자리할 물건들과 무료로 제공할 물건, 수리를 거쳐 판매할 물건들로 나뉜다. 또한 수리 후에도 구제하기 어려운 물건들을 조합해 새로운 제품으로 만들기도 한다. 그마저도 어려운 물건들은 소각장으로 향한다.

위 ㅣ '플랜 B'는 여러 물건들을 조합해 상품 가치가 있는 새로운 제품을 만드는 재사용 센터만의 고유 제품 제작 사업이다. / 사진 ⓒ Emmi Korhonen

아래 ㅣ 수도권 일대에 흩어져 있는 재사용 센터에 들어오는 의류는 니흐띠실따 재사용 센터에 모아 품질과 상태에 따라 분류한다. 그 어떤 활용도 할 수 없는 제품은 소각한다. / 사진 ⓒ Emmi Korhonen

'플랜 B'는 분류 작업을 통해 가격을 매겨 팔거나 무료로 제공하기 어려운 물건을 모아 새로운 제품을 만들어 상품 가치가 있는 제품으로 개발하는 재사용 센터의 사업이다. 심미적 가치를 지닌 좋은 질의 천이지만 반복적 마찰로 부분이 해어졌거나 햇빛에 색이 바랜 경우 사람들이 구매를 꺼리기 때문에 괜찮은 부분을 조합해 상품 가치가 있는 새로운 제품으로 만들어내는 것이다. 플랜 B에서 선보이는 제품은 옷, 가구, 실내 소품 등 다양하다. 직물을 이용해 만드는 제품들의 경우 1년의 품질보증 기간을 명시해 놓았다. 새 제품으로 다시 태어나기에 앞서서 이미 수십, 수백 차례 사람의 손을 타고 세탁을 거친 물건이기 때문에 아무리 주의를 기울이더라도 직물이 약할 수 있다는 점을 감안하는 것이다.◆

"재사용 센터는 현재 핀란드에서 잉여 의류를 해외로 보내지 않는 유일한 중고 제품 판매 기관입니다. 많은 의류 회사나 중고 가게의 경우 팔리지 않는 옷감들을 외부의 도움이 필요하다고 여겨지는 제3국으로 보내곤 하는데, 여기서 한 가지 알아야 할 사실은 선진국이 도움이라는 이름으로 보내는 수많은 물건들이 실은 그 나라 사람들에게도 짐이 될 수 있다는 것이에요. 질이 나빠 핀란드에서 소비되지 않고 버려지는 물건들은 다른 나라에 도착해서도 결국은 버려집니다. 그리고 더 나아가 충분한 고려가 배제된 이러한 행동은 현지의 산업을 망가트릴 수 있어요. 해외에서 들어온 값싼 물건들이 현지의 기후와 환경에 맞게 천천히 발전해온 고

◆ Kierrätyskeskus, 'Plan B-uusiotuotteet', accessed 5 Jul 2019.
   웹사이트 https://www.kierratyskeskus.fi/myymalat_ja_palvelut/plan_b_-
   uusiotuotteet 참조.

유의 물건들을 잠식하는 것이죠. 그렇게 되면 본연의 기술력과 전통을 잃어버리고 해외의 조력에 의존하게 되는 현상이 나타납니다. 당장은 도움이 될 수 있다고 볼 수도 있지만 어려운 환경에 처한 사람들이 자생력을 갖추는 것도 중요하기 때문에 장기적으로 보았을 때는 결코 완벽한 해결책은 아니에요. 재사용 센터에서는 수거된 제품을 분류 센터에서 여러 과정을 거쳐 다양한 카테고리로 나눕니다. 그중 수선과 수리를 거쳐도 구제할 방법이 없는 물건들은 소각하고 있고 이는 매해 기부 물품의 약 10퍼센트에 달합니다.”

재사용 센터의 정책 고문으로 일하고 있는 뚜오비 꾸르띠오 Tuovi Kurttio의 말이다.

실로 많은 양의 중고 의류가 유럽에서 아프리카로 보내진다. 이 양은 지난 10년간 꾸준히 늘어났다. 지난 20년 동안 우간다에 수입되는 중고 의류의 양은 233퍼센트, 탄자니아에 수입되는 양은 1100퍼센트가 증가했다.[*] 이는 지역 섬유산업을 위협하고 있고, 더불어 거대한 양의 섬유 쓰레기 또한 만들며 지역에 환경문제를 짊어지우고 있다. 2016년 3월, 케냐·탄자니아·르완다·우간다·브룬디 등의 국가들은 선진국으로부터의 중고 의류 반입을 막는 법안을 제안했고, 이는 2019년부터 시행된다.[**]

---

[*]   Kelsey Halling, 'Not So Fast (Fashion)! African Countries to Ban Secondhand Clothing Imports', accessed 4 Jul 2019.
웹사이트 http://sustainablebrands.com 참조.

[**] Kelsey Halling, 'Not So Fast (Fashion)! African Countries to Ban Secondhand Clothing Imports', accessed 4 Jul 2019.
웹사이트 http://sustainablebrands.com 참조.

지속적인 성장세

"최근 들어 핀란드의 중고 문화는 더욱 활성화되어서 중고 가게에서 물건을 사거나 기부하는 것이 더욱 자연스러워졌음을 피부로 느낄 수 있어요. 이는 아마도 급작스런 기후변화에 따라 환경 문제를 향한 대중의 관심이 높아지면서 전반적인 환경 의식이 고취되었고, 이를 실천으로 옮기려는 고민들을 진지하게 시작했기 때문이 아닐까 싶어요. 그리고 중고 가게들 역시 과거와 비교해 전문성이 생겼어요. 과거에는 허름하고 낡았다는 느낌을 지우기 어려웠지만, 지금은 그 종류도 다양해지고 세분화되어서 전보다 훨씬 많은 사람들을 포용하고 있어요."

재사용 센터를 이용하는 사람의 숫자를 묻는 나의 질문에 뚜오비는 핀란드 중고 문화의 활성화 이유부터 짚었다. 중고 가게의 수는 늘어나고 이를 찾는 사람들이 많아진다는 것은 중고 가게로 흘러들어오는 물건 역시 많음을 뜻한다. 실로 재사용 센터가 수거하는 물건의 양은 사업을 시작한 이래로 매해 지속적 상승세를 보이고 있다. 실제 구매된 물건의 양, 무료로 나누어준 물건의 양, 가게를 찾는 손님의 수, 물건을 구매한 손님의 수 등 모든 면에서 숫자는 매해 커졌다.

"매일 약 6, 7톤의 기부 물품이 여기저기 흩어져 있는 재사용 센터로 쏟아져 들어와요. 이는 옷·식기·가구·전자 제품 등을 모두 포함한 수치이고, 물건의 무게에 따라 차이가 있지만 이는 약 2만 4천개의 물건이에요. 책은 매일 약 5개의 유로 팔레트Euro Pallet(800×1200×114밀리미터)에 가득 차고, 옷감은 40~45개의 수레

재사용 센터의 제품과 손님의 수

	판매된 제품의 수	무료 제품의 수	제품의 갯수	제품을 구매한 손님의 수	무료 제품을 가져간 손님 수	손님의 수
1990	0	34339	34339	0	0	0
1991	0	170000	170000	0	38800	38800
1992	0	260000	260000	0	58000	58000
1993	27400	187700	215100	19800	40800	60600
1994	46100	230900	277000	37800	47600	85400
1995	73800	187500	261300	49300	36600	85900
1996	96200	189800	286000	60580	38480	99060
1997	104500	174000	278500	67000	40000	107000
1998	17000	186500	356500	80000	36000	116000
1999	156800	177200	329000	74900	32700	107600
2000	190462	211155	401617	87028	31131	118159
2001	219005	188570	407575	100483	25106	125589
2002	244592	178062	422654	99406	23441	122847
2003	328174	180437	508611	119602	29007	148609
2004	388453	213538	601991	138531	32340	170871
2005	381428	214558	595986	132607	29215	161822
2006	469490	268883	738373	139393	28691	168084
2007	516169	305651	821820	151676	29796	181472
2008	630285	313419	943704	180866	32454	213320
2009	721505	507795	1229300	210554	41713	252367
2010	1037753	682015	1719768	265505	58709	324214
2011	1198032	768314	1966346	314680	72719	387399
2012	1353826	805625	2159451	347717	70110	417827
2013	1569357	942253	2511610	402898	93058	495956
2014	1755317	951914	2707231	445172	92022	537194
2015	2194538	1222799	3417337	545989	115397	661386
2016	2502680	1397086	3899766	652350	102542	754892
2017	2649938	1355842	4005780	682143	118410	800553
합계	19025804	12500855	31526659	5406080	1394841	6800921

출처: Pääkaupunkiseuden Kierrätyskeskus

에 가득 차요. 실로 엄청난 양이지요."

수거된 의류는 니흐띠실따Nihtisilta(에스뽀시에 있는 동네)에 있는 재사용 센터에 한데 모여 분류 작업을 거친다. 이곳은 가장 커다란 규모를 자랑하는 재사용 센터로 옷감들을 면, 폴리에스테르, 리넨, 실크 등의 재질과 상태에 따라 분류할 수 있는 분류 센터가 마련되어 있다.

"중고 가게는 일반 가게보다 더 많은 인력을 요해요. 일반 가게의 경우에는 판매할 물품에 가격을 매기고 진열을 하면 되지만, 중고 가게의 경우에는 수거한 물건을 사람이 일일이 살피며 판매할 수 있는지 없는지를 판단하는 과정을 거쳐야 하기 때문이에요. 재료와 상태에 따라 여러 명의 인력이 함께 물건을 확인하고 분류하는데 바로 팔 수 있는지, 수선을 거쳐야 하는지, 그것마저도 어려워 소각을 해야 하는지 등을 판단해야 합니다. 그 작업이 끝난 후에야 가격을 매기는 거죠. 수리, 수선을 하기 위해서는 재료에 대한 이해도와 기술력을 갖춘 전문 인력 또한 필요하고요."

현재 정규직과 비정규직을 포함하여 약 430명의 직원이 재사용 센터에서 일하고 있다. 겉에서는 판매직에 종사하는 인력만 드러나 보이지만 그 뒤에서 일하는 인력이 훨씬 많다는 것이 뚜오비의 말이다. 내가 뚜오비를 만나기 위해 찾은 재사용 센터의 사무실에는 많은 사람들이 분주하게 일하고 있었다. 재사용 센터는 물건의 수거와 분류, 판매 이외에도 전문적인 교육 인력을 요하는 다양한 사업을 동시에 진행 중이다.

재사용 센터는 중고 가게이기에 앞서 사회적 기업으로서의 역할을 한다.
사진 ⓒ Pääkaupunkiseuden Kierrätyskeskus

사회적 기업으로서의 행보

재사용 센터는 사회적 기업으로서 장기간 실업 급여를 받아온 사람이나 소외되기 쉬운 외국인들을 적극 고용하여 직업 교육을 시킴과 동시에 궁극적으로는 이들이 미래에 전문성을 갖춘 안정적 직업을 가질 수 있도록 돕는 역할을 자처하고 있다. 2018년도부터 재사용 센터가 새로이 시작한 프로젝트인 '뙤싸 오삐엔Työssä oppien(우리말로 하면 '일하면서 배운다'는 의미다.)'은 지역 직업학교와 손을 잡고 재사용 센터에서 일하면서 환경, 운송과 물류 관리 등과 같은 분야의 학위 취득을 할 수 있도록 돕는다. 급여를 받으며 직장 생활을 함과 동시에 관련 학업의 학위 또한 받을 수 있는 가능성을 열어주어 향후 미래의 진로에 대해 좀 더 진지하게 생각하고 건설적으로 설계할 기회를 주겠다는 취지다.♦

재사용 센터는 1992년부터 기업과 학교를 대상으로 환경에 관한 눈높이 강의를 하고 있고 이를 위한 전문 인력 역시 고용하고 있다. 공공 기관이나 학교 등은 직원 또는 학생들에게 의무적으로 쓰레기 처리 등과 같은 환경에 관한 강의를 제공해야 하는 의무가 있는데, 재사용 센터에서는 이 서비스를 제공하고 있다. 이 강의는 그 대상에 따라 그 내용과 심도가 바뀐다. 학생들에게는 연령에 맞는 주제와 전달 방식을 택해 눈높이 강의를 하고 있으며, 이윤 창출을 목적으로 하는 회사나 기업이 대상인 경우 관심을 두는 환경

♦ Kierrätyskeskus, 'Työssä oppien – portti tuletvaisuuteen', accessed 15 Feb 2019. 웹사이트 https://www.kierratyskeskus.fi/tietoa_meista/tietoa_kierratyskeskuksesta/ hankkeet/tyossa_oppien_-_portti_tulevaisuuteen 참조.

문제가 다르기 때문에 다른 내용의 강의를 제공한다.♦

　예를 들어, 유치원 어린이들을 대상으로 한 교육 프로그램에는 쓰레기를 분류하는 방법과 재사용과 재활용의 의미와 방법, 지렁이로 퇴비를 만드는 방법 등에 관한 정보를 인형극이나 상황극을 통해 전달한다. 특히 지렁이로 퇴비를 만드는 수업에서는 지렁이와 흙 상자를 자료로 가져와 함께 관찰하며 음식물의 생산부터 폐기에 이르는 단계를 설명하고 지렁이가 그리는 건강한 순환을 아이들의 눈높이에서 설명한다.♦♦

　학생들의 연령이 높아짐에 따라 수업의 종류는 더욱 다양해지고 여러 주제를 깊이 있게 다룬다. 고등학생을 대상으로 한 물 프로그램에서 학생들은 시내와 시외에 위치한 도랑이나 강, 호수 등지의 장소를 정하고 걸맞은 도구를 사용해 수질을 측정한 후 이를 정화할 수 있는 가능성에 대해 토론하기도 한다. 전 세계적으로 식수가 고갈되고 있는 현실에서 자연의 물이 어떤 과정을 거쳐 식수로 바뀌는지를 배우며 물의 회전과 그 과정에서 벌어지는 문제점에 대해 논한다. 이외에도 현대의 식재료 생산이 환경에 미치는 영향, 지속 가능한 소비, 에너지의 생산과 소비 등을 다루는 프로그램이 준비되어 있으며 학교는 원하는 프로그램을 선택해 재사용센터에 강의를 요청할 수 있다.♦♦♦

♦　　Kierrätyskeskus, 'Ympäristökoulutus', accessed 15 Feb 2019.
　　　웹사이트 https://www.kierratyskeskus.fi/ymparistokoulutus 참조.

♦♦　 Kierrätyskeskus, 'Kestävän elämäntavan oppitunnit 5–6 –vuotiaille', accessed 15 Feb 2019.
　　　웹사이트 https://www.kierratyskeskus.fi/ymparistokoulutus/oppitunnit_ja_tuokiot/5-6-vuotiaat 참조.

"과거에는 재사용 센터에서 일한다고 하면 색안경을 끼고 보는 사람들이 적지 않았어요. 타인이 버린 물건들을 취급하는 허름한 일터를 떠올렸겠죠. 하지만 그동안 사람들의 인식에는 많은 변화가 있었어요. 이제는 미래와 환경, 지속 가능성을 상징하는 재사용 센터는 혁신적이고 미래지향적인 집단으로 여겨집니다. 나도 내가 재사용 센터에서 일하는 것이 자랑스러워요. 건강한 미래를 위해 반드시 해야 할 일이니까요."

뚜오비는 자랑스럽게 말했다.

♦♦♦ Kierrätyskeskus, 'Oppitunnit yläkoululaisille', accessed 15 Feb 2019.
웹사이트 https://www.kierratyskeskus.fi/ymparistokoulutus/oppitunnit_ja_-tuokiot/ylakoulu 참조.

접근성이 좋은 중고 가게 '피다'

기부 봉사 단체가 운영하는 동네 가게

처음 헬싱키에 도착해서 본격적인 학교 수업이 시작되기 전까지 약 2주 동안, 앞으로의 매끄러운 생활을 위해 온갖 잡일들을 처리하며 시간을 보냈다. 재사용 센터에서 한꺼번에 구입한 가구를 배달시키고 나니 이제야 겨우 사람이 사는 방 같았지만 아직은 많이 부족했다. 25년 동안 부모님과 살아왔으니 내가 어떤 물건이 필요한지 몰랐다고 하면 너무 철없는 소리처럼 들릴까? 베개도, 이불도, 커튼도, 접시도, 컵도 내가 직접 구매한 적은 없었지만 항상 집 안 어딘가에 있었으니 아무 불편함 없이 사용해왔다. 그래서인지 혼자 구매할 때는 어떤 물건이 얼마나 필요한 것인지 깨닫는

헬싱키 시내 이소 로베르띤까뚜(Iso Robertinkatu)에 위치한 피다

데 시간이 걸렸다. 저렴한 가격 때문에 유학생들의 성지라고 불리는 이케아Ikea 매장을 가보기에 앞서 집에서 전철로 약 10분 거리에 있는 중고 가게 '피다Fida'를 먼저 살펴보기로 했다.

피다는 사람들이 가장 쉽게 떠올리는 기부형 중고 가게로 전국에 25개의 상점이 운영 중에 있다. 이 중고 가게는 피다 인터내셔널Fida International◆이라는 비영리단체에서 벌이는 모금 사업의 일환으로 운영되며 사람들이 기부하는 각종 생활용품을 판매한다.

처음으로 방문했던 피다는 헬싱키 동쪽에 위치한 이따께스꾸스Itäkeskus지역에 위치해 있었다. 8월의 토요일이었던 그날, 북적이던 쇼핑몰 건물을 통과해 나온 출입구 맞은편에 위치해 있었다. 가게 안은 주말 쇼핑을 나온 사람들로 북적댔고 여름 햇빛을 한껏 받아 따뜻했다. 당장 쓸 머그잔과 접시를 살펴볼 생각에 가게를 빠르게 훑고 식기가 진열되어 있는 선반으로 직행했다. 생산된 시기도 국가도 제조업체도 모두 다른 갖가지 모양과 색깔을 한 컵과 접시들이 선반 가득 자리하고 있었고 물건을 하나씩 들어 찬찬히 살피며 그 혼란스러움을 즐겼다. 겨우 마음의 결정을 내리고 물건을 집은 뒤에야 가게 내부를 천천히 둘러볼 수 있었다. 가게는 갖가지 물건들이 정돈되어 있고 사람들도 조금 전의 나처럼 저마다 마음에 드는 물건을 찾느라 여념이 없어 보였다. 그들의 모습을 보면서 중고 가게에서 물건을 사는 것이 특별한 일이 아닌 보통의 일상임을 깨달았다. 그날 구입한 접시는 안타깝게도 몇 해 전 깨트리고 말았지만 다행히도 머그잔은 여전히 잘 사용하고 있다.

◆　교회에서 세운 기부 봉사 단체로 1927년 발족하여 남미, 아프리카, 아시아 대륙의 어려운 처지에 놓인 이들을 돕는 것을 목표로 한다.

선반에는 생산 시기도 국가도 모두 다른 갖가지 물건들이 진열되어 있다. 그 혼란스러움 속에서 마음에 드는 물건을 찾는 재미가 있다.

피다에는 가구부터 작은 소품까지 일상의 물건들이 가득하다. 커다란 규모의 재사용 센터와는
달리 일반 소매점과 같은 가게의 크기 덕분에 부담 없이 방문하기 좋다.

그 뒤로 나에게 피다는 부담 없이 들르는 단골 가게 중 하나가 되었다. 그 당시 배정받은 학생 아파트는 대중교통으로 학교에서 약 40~50분이 소요되는 곳에 위치하고 있었는데, 중간에 전철에서 버스나 트램으로 갈아타야 학교에 다다를 수 있었다. 과제에 필요한 재료가 있거나 생각을 정리해야 할 때는 환승하는 곳에 있는 피다에 들러 시간을 보내곤 했다. 천편일률적인 유행이 있는 곳이 아닌, 시간과 장소가 한데 뒤얽힌 중고 가게가 오히려 혼자만의 생각을 정리하고 시간을 갖는 데에 도움이 되는 것을 깨달았기 때문이다.

새 물건 사기 전의 습관

피다 중고 가게는 헬싱키 시내 곳곳 번화가에서 어렵지 않게 찾을 수 있어 접근성이 좋다. 게다가 재사용 센터와 같이 다양한 종류의 생활용품을 취급하지만 공간의 크기가 크지 않아 부담 없이 방문할 수 있다는 장점을 갖고 있어 사람들에게 인기가 있다. 숟가락, 접시, 커튼, 책, 옷걸이, 가방, 화분 등의 소품부터 소파, 의자, 책장과 같은 가구와 토스터, 청소기와 같은 소형 가전제품도 취급한다. 1유로도 채 되지 않는 물건부터 옛 정취가 가득한 골동품도 찾을 수 있고 의외로 값어치가 나가는 가구나 조명도 발견할 수 있다. 게다가 이딸라Iittala◆, 아라비아Arabia◆◆, 마리메꼬Marimekko◆◆◆와 같은 핀란드 대표 디자인 제품도 심심치 않게 눈에 띄기 때문에 필요한 물건을 찾으려 가게를 방문하는 사람들도 있지만 보물찾기를 하러 오는 사람들 역시 적지 않다.

언제부터인가 새 물건을 사기 전에 피다에 먼저 가보게 되는 습관이 생겼다. '액자가 하나 있으면 좋겠는데 피다에는 있겠지', '화분이 하나 있었으면 좋겠는데 피다에는 있겠지' 한다. 물론 중고 가게라고 모든 물건을 항상 구비하고 있는 것은 아니다. 타이밍이 맞지 않으면 원하는 물건을 결코 찾을 수 없다. 원하는 물건을 찾지 못하는 경우도 많지만 운이 좋아 발견했을 때 느끼는 희열이 있다. 전혀 기대하지 않았던 멋진 발견을 할 때도 있다. 나에게 모든 물건을 반드시 중고로 사야겠다는 철학이 있는 것은 아니지만 새 물건을 사기 전에 한번쯤은 방문해보게 되었다. 그래서 접근성이 좋은 중고 가게가 있는 것이 중요하다는 생각이 들었다. 일반적인 시장 가격보다 저렴한 가격에 물건을 구매할 수 있고 쇼핑하는 재미를 느낄 수 있고 또 그게 환경에 이로운 일이라면 누구나 한번쯤은 가보고 싶어 하지 않을까?

♦ '이딸라'는 유리, 도자 등 식기를 생산하는 핀란드 디자인 브랜드로 1881년 설립되었다. 유리 제품에 그 뿌리를 두고 있는 이딸라는 알바 알토(Alvar Aalto)와 아이노 알토(Aino Aalto), 카이 프랑크, 따삐오 비르깔라(Tapio Wirkkala)의 제품을 꾸준히 생산하며 국내외의 젊은 디자이너들과 협업을 이어가고 있다.

♦♦ '아라비아'는 핀란드 도자 회사로 1873년 설립되었고, 현재는 이딸라와 함께 피스카스(Fiskars) 그룹에 속한다. 기능과 품질에 초점을 둔 주방용품과 식기를 주로 생산하며 핀란드 제품 디자인 역사에 중요한 축을 맡고 있다.

♦♦♦ '마리메꼬'는 핀란드 텍스타일, 패션 브랜드로 1951년 설립되었다. 과감하면서 간결한 패턴과 색상의 조합으로 유명한 마리메꼬는 핀란드의 텍스타일과 패션 디자인을 세계적인 주목을 받도록 이끈 중요한 제품들을 생산해왔다.

의류 전문 중고 가게 '우프'

헬싱키 스타일 '헬룩스'

몇 해 전 '헬룩스'라는 이름의 재미있는 웹사이트(www.hel-looks. com)를 알게 되었다. 길거리에서 개성 있는 옷차림을 한 사람들의 사진과 짧은 인터뷰가 올라오는 웹사이트다. 흔히 패션 잡지가 소개하는 세련된 최신 유행을 따르는 모델 같은 사람들 사진을 찍는 것이 아니라 골목길, 기차역, 공원 등지를 지나는 평범한 사람들을 대상으로 나이와 성별에 관계없이 자신만의 확고한 패션 세계를 가진 사람들이 바로 그 사진의 주인공이었다. 카메라를 바로 응시하며 자신이 지금 몸에 걸친 옷들이 어디서 왔고 어떤 의미가 있는지 설명하는 사람들을 보다 보면 시간이 훌쩍 지나간다.

그런데 이들을 또 평범하다고만 할 수도 없다. 웹사이트를 보고 있으면 도대체 어디서 이런 옷을 구했을까, 어떻게 이런 옷을 입고 외출을 감행했을까, 어떻게 이런 옷들을 조합했을까 의문이 들 정도로 독특한 차림새를 한 사람들이 아주 많다. 이들을 연이어 보다 보면 이런 의구심을 품었던 내 자신이 조금 부끄러워지기도 한다. 사진과 함께 실리는 짤막한 인터뷰들을 읽다 보면 이들이 자신의 취향을 얼마나 존중하고 있고, 자신을 얼마나 아끼고, 자신이 한 선택을 얼마나 즐기는지 컴퓨터 화면 너머로도 분명히 느낄 수 있기 때문이다. 엄마에게 물려받은 코트와 할머니에게서 받은 가방, 중고 가게에서 고른 바지 등 자신이 그날 선택한 옷들의 출처와 본인이 그 옷에 가진 애착을 설명한다. 헬룩스는 정말 핀란드다운 웹사이트다. 날것과도 같은 직설적인 대상의 투영은 불필요한 미사여구와 장식은 배제하고 대상을 그대로 전달하려 한다. 타인이 쉽고 빠르고 무심하게 내뱉는 판단은 별로 중요한 것이 아니고 결국은 본인이 행복하자고 내리는 작은 선택들을 성의껏 즐기는 태도를 배운다. 타인의 시선은 나의 선택에 조금의 영향도 줄 수 없고 가장 중요한 것은 스스로의 만족감이라고 진지하게 타이르는 것만 같아서, 헬룩스 웹사이트를 보다 보면 타인을 바라보는 나의 편협한 시각을 다시금 확인하게 된다.

'패션 피플'들의 성지

헬룩스를 구경하다 보면 '우프Uff'라는 이름의 가게 이름이 자주 등장하는 것을 금방 알아차릴 수 있다. 인터뷰를 살펴보면 유명

미카엘(Mikael, 18)
"나이키 에어포스1 신발에 여자 친구의 중고 리넨
바지, 마리메꼬 셔츠를 입었어요. 다양한 스타일을
가진 친구들이 많아서 여기저기서 물건들을 고릅니다.
대부분의 옷을 중고 가게에서 구입하고 여러 스타일의
옷들을 섞어 입는 걸 좋아해요."
© Liisa Jokinen (출처 헬룩스)

산드라(Sandra, 27)
"색상과 패턴을 섞거나 과하게 사용하는 것을 좋아해요.
갖고 있는 대부분의 옷과 신발은 내 취향에 맞게
수선해요. 최근 들어 편안함에 무게를 두기 시작했는데,
어른이 되어간다는 증거일까요? 검정색은 되도록이면
피해요. 가방을 제외하고 오늘 입은 모든 것들은 다 중고
가게에서 구입했어요."
© Liisa Jokinen (출처 헬룩스)

일마리(Ilmari, 18)
"에어 조던 농구 저지와 할아버지의 오래된 무명 바지를 입고 아디다스 슬리퍼를 신고 나왔어요. 힙합 아티스트나 전 세계 다양한 문화에서 영감을 받곤 해요. 브랜드는 신경 쓰지 않아요. 보통 옷은 헬싱키에 있는 다양한 중고 가게에서 사요."
© Liisa Jokinen (출처 헬룩스)

야네떼(Janette, 25)
"나는 중고 옷만 입어요. 요즘은 2000년대 초반 스타일에 푹 빠져 있어요."
© Liisa Jokinen (출처 헬룩스)

시내 프레드리낀까뚜에 위치한 우프 상점

소위 빈티지라 불리는 의류를 쉽게 구할 수 있다.

브랜드의 새 옷을 입고 있는 사람들도 있지만 가족이나 친지에게 물려받거나 중고 가게에서 옷을 구입했다는 사람들도 많은데, 그 상호가 자주 언급되는 우프는 사람들에게 가장 사랑받는 가게 중 하나로 보인다. 어떤 이들의 경우에는 걸치고 있는 옷을 모두 우프에서 구매했으며 평상시에도 항상 우프에서만 쇼핑을 한다고 대답하기도 한다.

우프는 사람들이 기부하는 물건을 되파는 기부형 중고 가게로 의류에 특성화되어 있다. 옷과 신발을 비롯해 모자, 스카프, 가방과 같은 패션에 관련된 각종 물건을 취급한다. 우프는 아프리카, 아시아 대륙 등지의 어려운 사람들을 돕기 위해 1987년 만들어진 비영리단체로 피다와 마찬가지로 사업 운영자금 조달을 목적으로 핀란드 전역에서 중고 가게를 운영 중이다.

중고 옷 가게라고 해서 낡고 오래된 옷만을 파는 곳은 결코 아니다. 사람들이 기부하는 물건이 곧 상품인데, 패스트 패션fast fashion♦의 선두에 있는 유명 저가 브랜드들의 옷은 어렵지 않게 눈에 띄고 1950, 1960년대에 만들어진 소위 빈티지라고 불리는 희귀한 옷들도 구매할 수 있다. 심지어는 구매 후 한 번도 입지 않아 가격표가 여전히 붙어 있는 옷들도 간혹 있다.

기부하고 싶은 물건이 있으면 직접 가까운 매장으로 가져가거나 빗물이 스미지 않게 잘 포장해 시내 곳곳에 비치되어 있는 우프 수거함에 넣으면 된다. 이렇게 수거된 물건들을 한자리에 모

♦　'패스트 패션'은 신조어로 패션쇼 런웨이를 막 떠난 듯한 최신 유행 의류를 빠르게 일반 소비자들에게 제공하는 패션 상표를 뜻한다. 우리나라에서는 스파(SPA, Speciality retailer of Private label Apparel)라는 용어로 쓰인다. 패스트푸드처럼 빠르게 생산한 저가의 의류를 짧은 주기로 대량생산, 공급하는 것이 이들의 전략으로 H&M, ZARA, UNIQLO 등이 대표적이다.

제품은 종류, 색상별로 정리되어 있고 탈의실 또한 마련되어 있다.

아 국내에서 소비될 수 있는 품질 좋은 소매용, 타 유럽 국가에 판매하는 도매용 그리고 판매할 수 있는 품질이 아닌 경우 소각용으로 분류한다. 2018년도 총 수거 물품의 9.4퍼센트가 국내에서, 87.1퍼센트가 해외 도매로 판매되었으며 나머지인 3.5퍼센트가 소각되었다.◆

의류 재사용은 의류를 처음 만든 목적에 맞게 다시금 사용하는 것이고 그것이 가장 환경을 위하는 것이라 우프는 강조한다. 현대의 의류를 생산하고 가공하는 과정에는 상상을 초월하는 양의 에너지와 물이 사용되기 때문인데, 현재의 생산방법을 하루아침에 뜯어고칠 수 있는 것이 아니라면 소비자들이 이미 만들어진 의류를 잘 사용하는 것이 환경에 도움이 된다는 뜻이다. 핀란드의 의류 회사 퓨어 웨이스트 Pure Waste◆◆는 공정 과정에서 재단 후 불가피하게 생기는 자투리 천만을 모아 다시 섬유화하여 염색 없이 실의 조합만으로 색깔을 만들어 옷을 제작하고 있다. 이 혁신적인 회사가 강조하는 것도 우리가 제조 과정에 흘려보내는 막대한 양의 에너지와 그 과정에 무심히 훼손되는 환경에 대한 각성이다.

우프는 전국에 18개의 상점을 운영 중이고, 다수가 헬싱키에

◆　UFF, accessed 20 Dec 2018.
　웹사이트 http://uff.fi 참조
◆◆　'퓨어 웨이스트'는 2013년 설립된 핀란드 의류 브랜드다. 공정 과정에서 재단 후 버려지는 자투리 천(면)이 많다는 사실을 깨닫고 이를 모아 다시 섬유화하여 제품을 만든다. 제품 제작 시 염색 과정은 따로 거치지 않고, 실의 조합만을 이용해 색상을 만든다. 퓨어 웨이스트는 면에 집중한다. 면화 생산에는 막대한 양의 물과 제초제가 쓰이고, 면직물의 염색 과정에서 발생하는 땅과 물의 오염이 심각하기 때문이다. 퓨어 웨이스트는 기존 의류 브랜드들과는 다르게 시즌마다 새 제품을 내놓지 않는다. 티셔츠를 중심으로 기본이 되는 동일한 제품들을 유지하므로 몇 년이 지난 후에도 같은 제품을 구매할 수 있다.
　웹사이트 http://www.purewastetextiles.com, https://www.purewaste.org 참조.

위 | 퓨어 웨이스트는 타 의류 공장에서 재단 후 버려지는 자투리 면직물을 모아 색상별로 구분하여 섬유화한 후
새 직물을 만든다. / 사진 ⓒ Pure Waste Textile

아래 | 방적 과정 / 사진 ⓒ Pure Waste Textile

집중되어 있다. 그중 시내 프레드리긴까뚜Fredrikinkatu에 위치한 우프에 진열된 물건들은 수거한 물건을 임의로 분배해 진열하는 다른 우프 싱점과는 다르게 직접 물건을 선별해 판매해오고 있어서 사람들에게 인기가 매우 많은 곳이다. 실내는 옷걸이에 걸린 수백 장의 옷이 파도를 이루고 있고 한쪽 벽면은 신발과 가방 등이 가득 채우고 있다. 방문객들의 편안한 쇼핑을 위해 탈의실 또한 마련되어 있다.

앞서 언급한 헬룩스에서 관찰한 것과 마찬가지로 우프는 패션에 관심이 많은 젊은이들 사이에서 매우 인기가 높다. 여기서 패션에 관심이 많다는 것은 유행에 민감하다는 뜻이라기보다는 자신이 어떤 옷을 입고 싶고 스스로를 어떻게 표현하고 싶은지 고민하고 시도하는 것을 즐기는 사람들이라고 해야 더 가까운 해석일 것 같다. 이들은 유행에 구애받지 않고 마음에 드는 옷을 저렴하게 구입한 후 몸에 맞게 수선하거나 다른 옷들과 함께 섞어서 입는 것을 즐긴다. 모두를 비슷비슷하게 만드는 유행에 휘둘리기보다는 시간이 뒤죽박죽 섞여 있는 중고 가게에서 나만의 취향과 개성을 고려한 구매를 하겠다는 뜻이기도 하다.

우프가 젊은이들의 호응을 끌어낸다는 점은 큰 의미를 갖는다. 우프는 애써 어려운 타인을 돕는다는 의미 부여 없이도 가볍게 즐길 수 있는 분위기를 뿜어내지만 이면에 던지는 미래를 위한 메시지들은 세대를 막론하고 고민해야 하는 문제이기 때문이다.

4장.

바쁜 당신을 대신해서 팔아드립니다

핀란드에만 있는 중고 가게 '잇세빨베루'

판매 진열장 대여 시스템

핀란드에서만 발견할 수 있는 아주 재미있는 형태의 중고 가게
가 있다. 핀란드어로 '잇세빨베루Itsepalvelu', 영어로 '셀프 서비스Self
service'라고 불리는 운영 방식을 차용하는 중고 가게로, 이는 판매
희망자에게 자릿세를 받고 진열장을 대여해주는 판매 대행 시스
템을 일컫는다. 잇세빨베루 중고 가게 내부에는 같은 규격의 진열
장이 여러 개 설치되어 있고 자신의 물건을 중고로 판매하고 싶
은 사람 누구나 판매자가 되어 진열장을 대여하고 직접 물건을 진
열할 수 있다. 판매자는 진열 후 물건을 지키고 서 있을 필요 없이
가게 주인에게 판매를 일임하고 물건 수거일에 남은 물건과 함께

잇세빨베루 판매 대행 중고 가게의 내부에는 같은 규격의 선반들이 즐비하다.

판매 희망자들이 각자 꾸민 서로 다른 선반은 이 운영 방식의 커다란 매력이다.

수익금을 확인하러 돌아오기만 하면 된다. 진열장은 대게 일주일 단위로 대여할 수 있고 대여 기간이 끝난 후 판매자는 총판매액에서 대여료를 제한 차익을 돌려받는다.

이는 무료로 물건을 기부하기에는 조금 아깝고 벼룩시장에 참여해 직접 판매할 여유가 없는 경우 택하는 방식으로 그 편의성과 익명성 덕분에 핀란드 사람들 사이에서는 매우 보편적이고 인기가 높다. 각기 다른 특성을 지닌 진열장들이 일주일 단위로 바뀌기 때문에 회전율이 높은데다가 타인의 살림살이를 들여다보는 듯한 묘한 즐거움을 느낄 수 있어 구경하는 재미도 쏠쏠하다. 진열장에 놓인 물건들을 관찰하다 보면 판매자의 집에 아이가 사는지, 판매자가 운동을 좋아하는지, 패션에 관심이 많은지 등 대충 짐작할 수 있기 때문이다.

잇세빨베루 시스템의 가장 큰 매력은 판매자가 직접 가격을 매긴다는 점인데, 판매자 스스로가 가진 가치의 기준에 따라 물건의 가격을 마음대로 정할 수 있으며 그 기준이 구매 희망자의 그것과 일치하면 물건의 판매가 성립되는 것이다. 판매자들이 저마다의 사연을 가지고 내놓은 물건들을 살펴보면 사용한 흔적이 많은 연식이 오래된 물건도 있고, 포장조차 뜯지 않은 새 물건인 경우도 있다. 나에게는 이제 더 이상 필요하지 않지만 여전히 도구로서의 가치를 지닌 물건들이기에 50센트든 50유로든 판매자 본인의 판단에 따라 숫자를 적는다. 판매자에게도 구매자에게도 만족감을 선사하는 현명한 판매 방식이다.

이리스 **"질 좋은 옷감을 저렴하게 구할 수 있어요."**

중고 가게는 나의 놀이터

유럽 전역에 판매 대행을 하는 중고 가게는 이미 많이 존재한다. 의뢰인이 낱개의 물건을 중고 가게에 맡기고 물건이 팔리면 가게와 의뢰인이 수익을 나누어 갖는 방식이 보편적이다. 그러나 잇세빨베루와 같이 선반을 일주일 단위로 빌리는 방식으로 운영되는 중고 가게가 핀란드 이외의 다른 국가에 있다는 이야기는 아직 들어보지 못했다. 이 독특하고 영리한 방식의 중고 가게는 어떻게 생기게 된 것일까 궁금해졌다. 주변 사람들에게 이리저리 물어보았지만 이 가게의 기원을 정확히 아는 사람은 없었고 인터넷에서도 그 정보를 찾기는 어려웠다. 그러나 하나같이 입을 모아 하는 말은 1990년대 무렵 슬그머니 등장해 자연스레 자리를 잡았다는 것이다.

잇세빨베루 중고 가게의 기원이 늘 궁금해 이를 묻고 다니던 와중 우연히 이리스Iiris와 연락이 닿았다. 이리스는 나의 책 프로젝트 주제에 관심을 보였고 잇세빨베루 중고 가게에 호기심을 갖고 있는 나에게 자신의 이야기를 들려주고 싶다며 연락을 해왔다. 그녀는 중고 가게에서 찾은 다양한 부자재를 이용해 창작 활동을 하는 예술가라고 본인을 소개했다. 이리스는 내가 사는 집에서 아주 가까운 곳에 작업실을 가지고 있었고 자신이 작업실에서 하는 일을 보여주고 싶다며 나를 기꺼이 그곳으로 초대했다. 건물에 들어서니 수십 명의 회원들로 구성된 창작인 커뮤니티가 한 층을 사용하고 있었다. 미로 같은 복도를 따라 양옆으로 줄지어 늘어선 작업실들은 그리 넓지는 않았지만, 홀로 창작 활동을 이어가야 하는 외로운 창작인들에게는 훌륭한 소통과 교류의 공간이었다. 차분하고 말수가 적은 이리스의 말투에는 수줍어하는 기색이 역력했으나 천천히 자신의 이야기를 들려주었다.

"물건이 너무 많아서 정신없죠? 미안해요. 마음에 드는 멋진 물건이 있으면 일단은 다 사놓고 보는 습관 때문이에요. 중고 가게에서는 같은 물건을 다시 찾기 어렵잖아요."

그녀는 나를 작업실로 안내했다. 예술 작업을 하기도 하고 고객으로부터 의뢰를 받아 제품을 제작해주기도 하는 이리스의 작업실 선반은 그녀가 중고 가게와 벼룩시장에서 찾은 갖가지 재료로 가득 차 있었고, 이들은 그녀의 손길을 거쳐 새롭게 다시 태어나기를 기다리고 있었다. 작업실은 갖가지 천과 독특한 모양의 단추, 섬세한 색상의 실 등이 가득했고 방 한켠에는 그녀의 세 번째

이리스의 작업실은 중고 가게, 벼룩시장 등지에서 구입한 창작 활동에 사용할 만한 부자재로 가득하다.

손인 재봉틀이 놓여 있었다. 완제품을 사러 중고 가게를 찾는 사람과는 조금 다른 시각을 갖고 있을 이리스는 중고 가게와 벼룩시장이야말로 기대하지 못한 재미있고 진귀한 발견을 할 수 있는 장소라고 말한다.

"중고 가게는 나에게 놀이터예요. 언제 어디서 무얼 찾게 될지 아무도 모르거든요. 손과 재봉틀을 이용해 만드는 것을 좋아하기 때문에 직물을 많이 사용하는데 저렴하면서 독특하고 질 좋은 옷감을 찾는 데에는 중고 가게만 한 곳이 없어요. 부자재들도 많고요. 요즘에는 울, 면, 리넨 같은 자연의 소재로 만들어진 천으로 작업하는 것이 좋아요."

이야기를 나누던 중 구석에 단연 눈에 띄는 물건이 있었다. 작업실 한구석을 차지하고 있는 상당량의 넥타이였다. 얼마 전 이리스는 도시 외곽에서 열리는 따까꼰띠 끼르뻬스Takakontti Kirppis♦를 방문했다. 행사 종료 후 넥타이가 많이 남았으니 필요하면 무료로 가져가도 좋다는 한 판매자의 이야기를 들은 이리스는 의외로 뛰어난 넥타이의 품질에 놀라 냉큼 들고 왔다고 말했다.

"얼핏 보기에 유행에 뒤처진 듯한 패턴과 모양을 하고 있었는데 옷감으로 오랫동안 작업해온 내 눈에는 그 실크의 견고함과 오히려 요즘 더 찾아보기 힘든 완벽한 재봉선이 눈에 먼저 들어왔어요. 게다가 분명 촌스러운 듯 보였던 패턴은 나름의 매력을 지니고 있었고요. 아직 이 재료들로 무엇을 하고 싶은지 생각해보지는 않았지만 워낙 좋은 질의 재료로 만들어졌기 때문에 무엇이든

♦ 판매자들이 자동차 트렁크에 판매할 물건을 싣고 약속된 장소에 모여 시장을 이루는 형태의 벼룩시장. 희귀한 골동품부터 중고 제품까지 다양한 물건을 볼 수 있다.

할 수 있을 것 같아 덥석 가져왔어요."

우리는 한동안 작은 작업실 안에서 이런저런 물건들을 살피며 두런두런 이야기를 나누었다. 처음 수줍어 보였던 이리스는 나에게 자신이 발견한 물건들을 보여주며 즐거움을 감추지 않았다.

"필요하지 않다고 버리기보다는 그런 재료와 물건을 중고 가게를 통해 판매하거나 필요한 이에게 양도하는 활동이 더욱 활발해져야 해요. 이를 위해서는 무엇보다도 문제에 대한 공감대 형성이 가장 필요한 것 같아요."

본인이 좋아하는 작업에 쓰이는 다양한 재료를 저렴하게 구입할 수 있어서 기쁘지만 한편으로는 온전한 재료가 진지한 고려 없이 버려지는 현실이 너무나 안타깝다는 말도 덧붙였다.

경제 대공황이 만들어낸 판매 방식

핀란드 중고 문화, 특히 잇세빨베루 가게의 기원에 대해 혹시 아는 바가 있는지 묻자 이리스는 1995년 유바스뀔라Jyväskylä(핀란드 중부에 위치한 도시)에 자신의 첫 중고 가게를 열었었다는 이야기를 들려주었다.

이전까지만 해도 소극적이던 중고 문화는 '핀란드 경제 대공황'(1991~1993)◆을 만나며 자연스레 수면 위로 올라왔고 그 무렵 잇세빨베루 시스템도 어디선가 홀연히 등장했다고 그녀는 기억을 더듬었다.

"그 무렵 라흐띠Lahti(헬싱키에서 북동쪽으로 약 100킬로미터 떨어져 있는 도시)에 잇세빨베루 중고 가게가 처음 등장했다는 이야기를 누군가로부터 듣게 되었는데, 그 새로운 운영 방식이 큰 영감을 주었어요. 부끄러움 많고 남 앞에 나서는 것을 그리 즐기지 않는 핀란드 사람들에게 딱 어울리는 판매 방식이라는 생각이 들었죠. 스스로 도전해보고 싶다는 생각이 들어서 내가 살던 도시 유바스 퀼라에 첫 잇세빨베루 중고 가게를 시도했어요."

당시 서서히 자리 잡기 시작한 중고 문화를 반기는 사회적 분위기 덕분에 사업 초반에는 긍정적 신호를 보았으나 경영은 쉽지 않았다고 이리스는 말했다. 지금처럼 전산화가 되어 있지 않았고 또한 앞서 축적된 정보가 부족했던 터라 잇세빨베루 중고 가게 경영은 그녀에게 하나부터 열까지 어렵기만 했다. 물건을 분류하고 정리하는 데에 생각보다 많은 인력이 필요했고 시간 또한 많이 소요되었다. 그녀의 관심과 열정이 무색할 만큼 경영에는 큰 어려움이 뒤따랐고 안타깝게도 결국 다른 사람에게 가게를 팔게 되었다고 한다. 비록 뜻대로 일이 풀리지는 않았지만 가게를 그만두고 난 후에도 중고 문화를 향한 그녀의 관심만은 변함없었다. 이리스는 지금도 작업실에 나오지 않는 일주일의 하루, 이틀은 동네의 중고 가게에서 자원 활동을 하고 있다고 한다. 그녀는 중고 가게가 어떤 방식으로 운영되는지, 어떠한 도움을 요하는지 등을 이미 과거에 몸소 터득했기 때문에 중고 가게의 원활한 운영과 지역 중

◆ '핀란드 경제 대공황'은 핀란드 근대사 중 가장 큰 경기 침체기로, 오히려 전쟁 직후였던 1930년도의 침체를 초월하는 수준이었다고 한다. 1980년대 고속 성장하며 생긴 거품과 바뀐 은행법으로 힘을 잃은 핀란드 중앙은행, 핀란드의 주요 무역국이었던 소련의 붕괴 등이 그 원인이 되었다고 한다. 이 시기에 핀란드뿐 아니라 다른 주변 국가들도 힘든 시기를 보냈는데, 핀란드의 경제 대공황은 공식적으로 1991년부터 1993년으로 기록되어 있다. 국민들의 생활에 매우 직접적인 타격을 주었으나 그 충격에 비해 빠른 회복을 했다고 평가된다.

고 문화 활성화에 적게나마 도움을 줄 수 있고 또 그 과정에서 스스로 커다란 즐거움을 찾는다고 말한다.

"핀란드의 중고 문화는 모두가 경제적, 물질적 빈곤을 마주해야 했던 1990년대의 경제 대공황을 만나며 자연스레 자라났어요. 그 무렵 홀연히 등장한 잇세빨베루 시스템은 선반에 쓰인 숫자를 빌려 익명으로 물건을 팔아 이윤을 남기는 똑똑한 방식이죠. 다른 나라에서 흘러들어왔든, 아님 핀란드에서 만들어졌든 간에 이렇게까지 보편적인 중고 문화의 한 가지로 성장한 것을 보면 잇세빨베루 중고 가게는 특수한 시대적 배경과 핀란드인들의 천성이 함께 만들어낸 결실이 아닐까요?"

그녀 역시 이 아이디어가 한 핀란드인의 번뜩이는 창작물인지, 아니면 해외의 사례가 국내로 흘러들어와 현지의 환경에 맞게 변형된 것인지 정확하게 알지 못한다고 했다. 하지만 그 기원이야 어찌 됐든 여기서 주목해야 할 중요한 사항은 어려운 시간이 지나가고 다시 풍요로운 삶을 되찾은 지금에도 중고 문화가 여전히 사람들 가까이에 있고 그 어느 때보다도 큰 꽃을 피우고 있다는 점이다.

삐아, 사일라 "지속 가능한 미래를 위해 할 수 있는 일을 찾았죠."

패스트 패션 회사에서 중고 의류 가게로

잇세빨베루 중고 가게도 가격과 품목, 연령별로 세분화되어 있다. 판매 물품의 종류에 관계없이 각종 생활 잡화를 취급하는 가게가 그중 가장 흔한데, 판매자에게 있어서도 물건을 따로 분류하지 않고 한꺼번에 정리할 수 있다는 점에서 가장 편리하기 때문이다. 의류에 특화된 잇세빨베루 중고 가게 역시 요즘 쉽게 찾을 수 있다. 유행에 민감하고 소비를 쉽게 즐기는 젊은이들이 중고 문화에 적극적으로 뛰어들면서 잇세빨베루 중고 의류 가게가 지닌 장점이 더욱 살아나고 있고 그 덕분에 어엿한 하나의 장르로 성장하고 있다.

약 4년 전 우리 가족이 발릴라^{Vallila}라는 동네에 살던 시절, 집 근처에 '발릴란 스토리^{Vallilan Stoori}'라는 이름의 중고 가게가 새로이 문을 열었다는 소식을 들었다. 당시 아이가 태어난 지 얼마 지나지 않았던 터라 엎어지면 코 닿을 곳에 있는 가게 하나 들여다볼 마음의 여유조차 쉬이 생기지 않았다. 게다가 이미 도보로 15분 반경에 6개의 중고 가게가 있었기 때문에 바쁜 와중 애써서 찾아가볼 생각이 들지 않았다. 그로부터 꽤 긴 시간이 흐른 후, 어느덧 자라 혼자 잘 걷게 된 아이 발에 맞는 장화가 필요했고 문득 새로 생겼다던 그 가게가 떠올라 구경도 할 겸해서 찾아갔다.

당시 살던 집 앞 골목을 꺾어 내려가면 헬싱키 시내의 주요 도로 중 하나인 스뚜렌까뚜^{Sturenkatu}가 나온다. 저녁마다 온 동네에 고소한 커피 향을 뿌리는 커피 회사 메이라^{Meira}의 로스팅 공장과, 건축가 알바 알토가 지은 문화센터인 꿀뚜리딸로^{Kultuuritalo}(연극, 전시, 강연 등이 열린다.), 과거의 빛이 바랜 기차 정비 단지, 헬싱키의 야외 놀이공원인 린난마끼^{Linnanmäki}와 같은 상징적 건물들이 이 길을 따라 모습을 드러낸다. 스투렌까뚜가 끝나가는 길목 즈음 100년 가까이 된 5, 6층 높이의 석조 아파트 건물들이 나란히 줄을 선 동네가 나오는데, 엇비슷한 외관을 가진 그 건물들 중 어디쯤 1층에 중고 가게 발릴란 스토리가 자리하고 있다.

연식이 오래된 건물답게 폐쇄적인 느낌을 지우기 힘들지만 가게 내부로 들어서면 기대했던 것보다 넓은 공간을 마주하기 때문에, 차량이 많고 늘어선 건물들이 답답함을 주는 외부보다 오히려 실내에서 숨통이 트이는 묘한 경험을 했다. 넓은 가게 내부는 입구를 중심으로 크게 좌우로 나뉘어 왼편에는 아늑함을 주는 카

발릴란 스토리의 두 주인인 삐아(좌)와 사일라(우)

내부 공간은 편히 쉴 수 있는 카페와 진열장 가득한 중고 가게로 나뉜다.

폐, 오른편에는 진열장이 가득한 중고 가게가 마련되어 있었다. 벽을 따라 줄지어 늘어선 진열장들을 꼼꼼히 확인하다가 운이 좋게도 아이의 발에 맞을 만한 장화를 찾을 수 있었다. 계산하기 위해 계산대 앞에 섰을 때 나와 비슷한 또래로 보이는 가게의 주인인 삐아Piia를 만났다. 핀란드의 중고 문화가 활발하다는 것은 경험으로 진작 알고 있었지만 최근 5, 6년 사이에 눈에 띄게 생기가 넘치는 젊은 문화로 자리 잡아가고 있었기 때문에 발릴란 스토리의 젊은 사장은 나의 호기심을 해결하는 데에 도움을 줄 수 있을 것 같았다.

인터뷰 약속을 하고 다시 찾은 가게에서 삐아와 함께 가게를 운영하고 있는 사일라Saila도 만날 수 있었다. 두 젊은 주인은 핀란드 중고 문화를 향한 나의 관심을 기다렸다는 듯 바쁜 와중에도 열정적으로 응대해주었다. 가게에 자리한 넓은 소파에서 대화를 막 시작했을 무렵 삐아가 자신의 이야기를 들려주었다.

"저는 중고 가게를 열기 전 13년이라는 긴 시간 동안 세계적인 규모의 패스트 패션 회사에서 일했어요. 처음 판매직으로 시작한 일이 나중에는 사무직으로 이어졌어요. 패스트 패션 회사답게 정말 많은 수의 옷들이 매 계절마다 어김없이 뿜어져 나왔고, 매일 새 옷에 둘러싸여 정신없이 일하곤 했죠. 그런데 회사에 몸담은 시간이 길어질수록 값싸게 만들어지고 금방 버려지는 물건들이 가득한 세상에서 살고 있다는 생각을 떨치기 어려워서 괴로웠어요. 더 이상 일이 재미있게 느껴지지도 않았고요. 아이가 태어난 후 그 생각은 점점 더 불어나서 결국은 하던 일을 그만두고 직접 중고 가게를 열게 되었어요. 지속 가능한 미래를 위해 내가 무엇을 할 수 있을까를 한참을 고민했는데 중고 가게가 너무 자연스럽게 떠올랐거든요."

그렇게 삐아는 안정적인 직장을 그만두고 마침 같은 관심사를 가지고 있던 사일라와 함께 중고 가게 사업에 뛰어들었고, 그렇게 사업을 시작한 지 어느덧 5년이란 시간이 흘렀다. 발릴란 스토리는 판매 희망자가 소유했던 물건이라면 그 어떤 것도 진열할 수 있는 잇세빨베루 시스템의 중고 가게이지만 의도치 않게 진열되는 물품이 의류에 집중되기 시작했는데, 이것이 입소문을 타자 젊은 층이 몰리며 현재는 중고 의류 가게라는 의식이 굳어졌다고 한다. 아이부터 노인까지 다양한 연령대의 손님들이 삐아와 사일라의 가게를 찾지만 그중 20대에서 40대의 여성 손님들이 주류를 이룬다. 최근 들어 남성 손님의 수가 눈에 띄게 증가하고 있다고 삐아는 말한다. 의류 쇼핑에 있어서 여성에 비해 상대적으로 소극적이었던 남성들이 최근 중고 문화가 남녀 구분 없이 젊은 세대에서 활발해지며 선택지가 넓어지자 전과는 다르게 적극적인 태도를 보이기 시작한 것이다.

"예전에는 남성 손님들을 중고 의류 가게에서 목격하는 것이 흔한 일은 아니었어요. 보편적으로 예전 세대의 남성들이 의류 쇼핑에 소극적이었던 탓도 있겠지만, 여성 의류와 비교했을 때 그 가짓수가 적었기 때문은 아니었을까 생각해요. 요즘 젊은 남성들은 조금 달라요. 쇼핑에 있어서 적극적이에요. 남성들을 대상으로 한 의류가 더 많아짐에 따라 자신을 꾸미고 드러내는 데에 훨씬 관심이 많아졌을 뿐 아니라 구매가 쉬워지면서 쇼핑이 하나의 유흥 문화로 자리 잡았기 때문일 거예요. 그렇다 보니 중고로 판매하는

의류 또한 많아져서 자연스레 중고 의류 가게를 찾는 남성 손님도
증가했어요."

일상의 일부가 된 중고 가게

삐아와 사일라는 부모님의 손을 잡고 중고 가게와 벼룩시장 등지
를 방문했던 유년 시절을 회상했다. 어렸을 적 그들에게 중고 시
장은 일상의 한 부분이었을 뿐 그리 특별한 장소는 아니었다고
말한다. 단지 부모님과 함께 놀러 나왔고 구경할 물건들이 많다
는 생각에 들떴던 기억만이 가득할 뿐이었다. 지금도 부모 손을
잡고 가게를 찾아오는 꼬마 손님들을 관찰해보면 물건이 새것인
지 타인이 쓰던 것인지는 그 아이들의 구매 결정 과정에 있어서 결
코 중요한 사항이 아니라는 걸 쉽게 알 수 있다고 한다. 삐아 본인
의 아이 역시 장난감 가게에서 새 장난감을 사주든 중고 가게에서
사주든 반응은 한결같다고 말한다. 아이들은 어느 장소에 가든
본인이 가지고 놀고 싶은 물건을 찾아내고 이에 매우 만족하고
즐거워할 줄 아는 능력이 있다. 보호자가 여유롭게 가게를 둘러보
는 동안 이미 마음에 드는 장난감을 꼭 쥐고 그대로 주저앉아 놀
이 삼매경에 빠져 있는 아이들을 중고 가게에서는 어렵지 않게 볼
수 있다. 실제로 우리가 대화를 나누던 와중에도 엄마 손을 잡고
가게로 들어온 한 꼬마 손님이 장난감 자동차를 하나 골라 열정
적으로 놀고 있었다.

　"그렇다고 모든 사람들이 중고 문화를 즐기는 것은 아니에
요. 특히 세대마다 중고 문화를 바라보는 시선에 온도 차가 있을

어른들과 함께 방문한 어린이들을 위한 공간이 마련되어 있다.

진열장마다 각기 다른 이야기를 담고 있다.

수 있어요. 1970년대에 유년 시절을 보냈던 큰오빠는 중고 물건이라면 치를 떨어요. 자신이 쓰던 필요 없는 물건은 판매하려고 내놓으면서도 정작 본인은 중고 가게에서 절대로 쇼핑을 하지 않아요. 아마도 한창 꾸미고 싶었던 반짝반짝한 젊은 시절, 새 물건을 갖고 싶었지만 그럴 수 없었던 기억이 너무 강하게 남아 있어서 그럴 거예요."

사일라가 입을 열자 삐아도 자신의 부모님도 똑같다며 웃었다. 전쟁의 상처가 아무는 과정, 1900년대 중후반까지도 많은 사람들이 어려운 시간을 보내야만 했고 그 시간을 견딘 사람들에게 중고 물건은 선택이 아닌 필수에 가까웠기에 중고 물건이 그리 반가운 대상은 아니었을 것이다. 아마도 돌아가신 할머니께서 내가 왜 수제비를 좋아하는지 이해할 수 없다고 말씀하신 것과 같은 맥락일 것이다.

여전히 의문스럽다. 과거 세대의 경우, 지난날의 향수 때문에 중고 가게를 찾는 사람들도 있고 지난날의 쓰린 기억 때문에 중고 가게에 발을 들이기 싫은 사람들이 공존하는 것은 쉽게 납득이 간다. 그렇다면 과연 젊은 세대에게 중고 문화는 무슨 의미일까? 궁금해지지 않을 수 없다. 빈곤과 굶주림의 시절은 지났고 중고 물건을 쓰는 것이 당연한 것이 아닌 현재, 젊은이들은 왜 중고 가게를 찾는 것일까? 내 질문에 잠시 고민하던 삐아는 이렇게 답했다.

"그냥 자연스러운 것 아닐까요? 어렸을 때부터 부모님 손을 잡고 가보았던 곳이니까 자연스럽게 가게 되는 것 같아요. 나에게도 중고 가게가 좋은 기억으로 남아 있으니까요."

핀란드의 중고 문화는 자연스럽다. 누구를 도와주어야 한다는 사명감이나 동정심만을 앞세워 물건을 기부하거나 팔지 않고, 중고 가게에서 물건을 구매하는 사람들에게 편견 어린 시선을 던지지도 않는다. 이는 어렸을 때부터 부모의 손을 잡고 자연스럽게 중고 가게를 드나들던 기억이 남아 있기 때문일 것이다. 여전히 젊은 부모들이 다음 세대에게도 같은 기억을 심어주고 있다. 중고 가게는 특이하고 특별한 곳이 아니고 자연스러운 일상의 한 부분이라는 걸 말이다.

삐아와 사일라는 2018년 겨울을 끝으로 발릴란 스토리를 잠시 쉬어가기로 결정했다는 소식을 전해왔다. 그 소식을 듣고 몹시 아쉬웠으나 이 용감한 젊은 주인들이 지역에 가져다준 활기는 나를 비롯해 많은 사람들이 오래도록 기억할 것이다.

육아용품 전문 중고 가게 '베카라'

핀란드에서 아이 키우기

핀란드에서 어린이들은 야외 활동을 많이 한다. 공기가 맑고 발이 쉽게 닿는 곳에 자연이 펼쳐져 있으니 이는 당연한 것인데, 특별한 점은 이 야외 활동이 날씨에 구애를 받지 않는다는 점이다. 체감 온도 영하 20도를 웃돌아도 아이들은 눈, 코, 입만 쏙 내민 채 중무장을 하고 어린이집 놀이터로 나와 눈밭을 뒹군다. 비 오는 날도 예외는 아니다. 비가 오면 아이들은 흙탕물을 삽으로 연신 퍼 올리며 놀이에 열중한다. 그렇기 때문에 생각보다 많은 가짓수의 기능성 야외 활동복이 필요하다. 비에 대비하여 장화, 방수 장갑, 방수 바지, 방수 재킷, 방수 모자는 물론이고 추운 겨울에는 눈 속에서 놀기 위해 방한화, 방한복, 방한 장갑, 방한모자 등이 기본이다. 아이를 키우기 전에는 그 존재조차 알지 못했던 다양한 방수·방한 제품이 시중에 널리 판매되고 있고, 이를 전혀 알지 못했던 초보 외국인 엄마 아빠인 우리 부부는 아이가 어린이집을 다니기 시작한 지 1년이 지나서야 사계절 야외 활동복을 겨우 파악할 수 있었다. 특히 비와 진눈깨비가 많이 내려 땅이 항상 젖어 있는 10~12월에는 아이가 방수 옷과 장화에 묻혀 오는 흙먼지를 씻어내는 데에 매일 생각보다 많은 시간과 에너지를 쏟는다.

물론 아이의 성장 속도에 맞추어 새 야외 활동복들을 매번 사주면 좋겠지만 아이의 옷은 거의 1년 단위로 크기가 바뀌는데, 이 많은 가짓수의 옷을 다 챙기려다 보면 생각보다 지출이 크다. 정작 아이들은 옷의 '예쁨' 따위는 신경 쓰지 않고 아무데나 주저앉아 성심 성의껏 놀기 때문에 그리고 부모로서 그런 아이의 행동을 지지해주어야 하기 때문에 쌍방의 내적 평화를 위해 옷이 더러워지는 것에는 신경을 쓰지 않아야 한다. 그렇다면 반짝반짝한 새 옷보다는 이미 조금 생채기가 있는 중고 물건이 오히려 맘이 놓이고 포기도 쉽다. 악천후 속 야외 활동이 워낙 자연스럽다 보니 이런 기능성 아동복의 질은 놀랍게 뛰어나서 쉽게 망가지지 않는다는 점을 감안해 필요한 물건을 새로 구입하기 전에 중고 가게에 먼저 가보는 습관이 생겼다. 물론 중고 가게 쇼핑에는 운이 크게 따르기 때문에 원하는 물건을 발견하지 못할 가능성도 크지만, 진열장 수가 많은 중고 가게라면 생각보다 어렵지 않게 필요한 물건을 찾을 수 있다.

부모와 아이 모두 만족

의류나 장난감 등을 비롯한 모든 육아용품을 전문으로 취급하는 잇세빨베루 중고 가게 '베카라Vekara'가 있다. 이 가게 안에는 동일한 크기의 진열장이 약 90여 개 설치되어 있다. 물건을 판매하고자 하는 사람들은 웹사이트에서 원하는 날짜에 원하는 위치의 진열장을 예약할 수 있다. 예약이 확정되면 선택한 진열장의 번호와 바코드가 함께 찍힌 스티커를 받아 판매하고자 하는 물건에 판매자가 스스로 가격을 매겨 붙일 수 있게 되어 있다. 헬싱키 도심의 일반적인 진열장 사용료는 6일(1주)에 40유로(약 5만 원), 12일(2주)에 80유로이며 판매가 끝나면 총판매액에서 진열장 사용료를 제한 차액을 돌려받게 된다. 판매를 시작하는 날짜에 물건을 가져다 직접 진열하고 약속된 판매 종료일에 남은 물건을 수거하면 된다.

베카라 중고 가게 옆에는 헬싱키대학교 자연과학 캠퍼스가 자리하고 있다. 그 주변에는 아이가 있는 학생 부부나 젊은 가족이 살기 적당한 크기의 아파트와 전원적 분위기를 갖춘 가정집이 많은데, 마침 이 중고 가게도 학생 아파트 1층에 자리하고 있어 실내는 늘 손님으로 가득하다. 진열장에는 아이의 옷은 물론이고 신발과 장난감, 책 등 부피가 작은 물건을 놓을 수 있다. 카시트, 유모차, 방한 외투 등 부피가 큰 제품은 넓은 공간에 따로 진열할 수 있다. 구매 희망자들이 필요한 물건을 쉽게 찾을 수 있도록 선반마다 설치된 작은 게시판에 아이의 신장과 성별 등을 적어놓을 수도 있게 되어 있다.

게시판에 적힌 표면적 정보 이외에도 진열장에 놓인 물건들은

육아용품만을 취급하는 잇세빨베루 중고 가게인 베카라의 내부

그 가정에 대한 다양한 이야기를 들려준다. 이 집의 큰 아이는 남자아이이며 어린 여동생이 있고, 이 집 아이는 한때 공주 놀이에 심취해 있었고, 이 가정은 부모가 아이의 성별에 따른 옷차림을 정형화하지 않으려 노력한다와 같은 이야기를 추측하는 재미가 있다.

가격은 판매자 스스로 결정하기 때문에 각 선반마다 가격 차이는 존재한다. 그러나 가게를 수차례 방문해 진열품을 관찰하다 보면 품목에 따라 부모들 사이에 암묵적으로 합의된 가격대가 존재하고 있다는 것을 어렵지 않게 알아차릴 수 있다. 간혹 소매점에서 고가로 팔리는 제품이나 새것과 다름없는 물건인 경우에는 일반적인 중고 물건의 가격을 훌쩍 뛰어넘기도 하지만, 대게 저렴한 가격이 책정된다.

지난여름, 우리도 갖고 있던 아이의 물건을 처분하고자 판매자로 베카라 중고 가게의 진열대를 예약했다. 마침 이사 시기가 겹쳐 집 구석구석에 숨어 있는 물건들을 모조리 꺼낼 수 있는 아주 절호의 기회였다. 항상 부모들로 북적이는 가게이지만 내 아이의 손이 탄 물건에 남들이 얼마만큼의 가치를 부여할지는 미지수였기 때문에 가격을 매기기 전 물건을 앞에 놓고 꽤나 진지하게 오랜 고민을 했다. 하지만 우리 부부도 이전에 그 가게에서 자전거 헬멧, 장화, 티셔츠 등을 구매한 경험이 있어 대략의 분위기는 파악하고 있었다. 큰 이윤을 남기겠다는 생각보다는 우리에게 필요 없는 물건에게 새 주인을 찾아줌으로써 '새집에 수납공간을 늘리자'는 궁극적 목표에 무게를 두기로 합의하고 나니 일은 한결 쉬워졌다. 이제는 확실히 쓸 일이 없는 만 0세에서 2세까지의 물건을 중심으로 판매할 만한 옷과 신발, 장난감 등을 모으니 생각보다 양

위 I 진열장에 놓인 물건들은 그 가정에 대한 다양한 이야기를 들려준다.
아래 I 판매자로 등록한 뒤 직접 가격을 매긴 바코드 스티커를 부착한다.

이 많았다. 자전거 두 대에 짐을 나누어 싣고 우리는 10분 거리에 떨어져 있는 가게로 향했다. 관심을 주지 않던 장난감을 타인에게 주겠다고 하면 어느새 이를 가장 좋아하는 장난감으로 신분 상승시키고 마는 어린아이의 심리를 자극하지 않기 위해 이 모든 과정은 아이에게는 극비였다. 물론 그 이후에도 아이는 그 물건들이 집에서 사라진 줄은 전혀 눈치채지 못했다. 물건을 가게 진열장에 정리하고 나오며 아이와 보낸 시간도 함께 두고 나오는 것 같아 묘하게 슬펐으나 그렇다고 언제까지 옆구리에 끼고 있을 수도 없는 노릇이었다. 무엇보다도 잇세빨베루 중고 가게를 체험해보고 싶은 나의 바람이 컸다.

그로부터 일주일 뒤, 진열장을 정리하기 위해 다시 가게로 향했다. 놀랍게도 생각보다 많은 물건이 판매된 것을 발견했다. 남은 물건을 회수하고 선반 대여료 40유로를 정산하고 나니 세 식구가 만족스러운 외식을 할 수 있을 만큼의 이윤이 남았다. 한편, 사람들에게 선택받지 못하고 여전히 진열장에 남아 있는 물건들을 보니 아이가 사용하던 모습이 떠오르며 애잔함이 느껴져 순간 다시 집으로 가져가야 하나 잠시 고민했다. 하지만 이 역시도 누군가가 유용하게 써주겠지 하는 마음으로 바로 기부형 중고 가게로 향했다.

5장.

핀란드 디자인 제품을 구하나요?

끝나지 않은 모더니즘의 바람

간결하고 기능적인 핀란드 디자인

산업혁명 이후 기계를 이용한 대량생산이 보편화되면서 간결함과 실용성을 내세운 핀란드 디자인은 세계의 공감을 사게 된다. 전쟁과 함께 유럽에 불어닥친 모더니즘의 바람이 풍족하지 않은 환경에서 간결하고 기능적인 물건을 만들고자 했던 핀란드 디자인 정신과 맞물리며 상승작용을 만들어낸 것이다. 게다가 핀란드 디자인 특유의 다듬어지지 않은 투박함과 과감함은 여느 북유럽 국가의 그것과는 뚜렷한 차별점을 지니고 있었고, 특히 러시아로부터의 독립 전후로 더욱 짙어진 내셔널리즘Nationalism은 핀란드만이 지닌 개성을 더욱 도드라지게 만들었다.

핀란드 디자인은 1930년대부터 본격적으로 세계의 주목을 받기 시작하여 1950년대에는 그 정점에 도달하게 된다. 당시 유럽에서 가장 저명한 박람회로 꼽혔던 밀란 트리엔날레Milan triennale에서 핀란드 디자이너들이 각종 상을 휩쓸며 순식간에 세계의 주목을 받았다. 이탈리아의 예술과 디자인의 번영을 선보이고 각 나라의 기술력과 문화를 서로에게 알리고 나누자는 의미로 1923년 처음 개최된 이 박람회에는 세계 각국이 국가별 전시관을 지어 그 국가의 혁신과 기술을 집약적으로 보여줄 수 있는 물건들을 전시했다. 3년마다 열린 이 박람회에 참여했던 알바 알토와 아이노 알토Aino Aalto◆를 비롯하여 카이 프랑크, 따뻬오 비르깔라Tapio Wirkkala◆◆, 띠모 사르빠네바Timo Sarpaneva◆◆◆ 등은 국제무대에 화려하게 등장하게 되었다.◆◆◆◆

핀란드 디자이너의 해외에서의 성공은 당시 국가적 사건이었고 이들은 나라를 대표하는 인물이 되었다. 하나의 떳떳한 독립국가로서 국제 사회에 인정을 받고 싶었던 핀란드인들의 오랜 열망

◆ 아이노 알토(1894~1949)는 이딸라나 아르떽과 일하며 명성을 쌓은 디자이너이자 건축가다. 그녀가 가진 실력과 핀란드 디자인 업계에 미친 영향력에 비해 남편의 이름에 가려 저평가되어 있다는 주장이 있다. 건축과 제품에 있어서 실용성과 간결함에 많은 무게를 두었던 그녀의 스타일은 알바 알토에게 지대한 영향력을 끼쳤다. 실로 알바 알토의 작업은 그녀의 죽음 전과 후의 차이점이 두드러진다. 그녀는 때로는 독립적으로 또는 남편과 함께 건축이나 제품 디자인 프로젝트를 진행했다. 1936년 밀란 트리엔날레에서 금상을 수상했다.
◆◆ 따뻬오 비르깔라(1915~1985)는 플라스틱부터 금속, 나무, 유리까지 다양한 재료를 다루었으며 대량생산 제품부터 조형물까지 작업의 영역 또한 넓었다. 그는 핀란드 디자인을 대표하는 인물로 각종 국제 시상식에서 상을 휩쓸었다.
◆◆◆ 띠모 사르빠네바(1926~2006)는 핀란드 디자인의 모더니즘을 상징하는 디자이너이자 교육자로 유리로 된 작업물을 많이 남겼다.
◆◆◆◆ Pekka Korvenmaa (2010), 'Finnish Design, a concise history', Helsinki, University of Art and Design Helsinki.

이 투영되어 이들의 업적이 국가의 업적과 동일시되는 현상이 나타났다. 이딸라나 아라비아, 마리메꼬, 아르떽Artek과 같은 회사의 성공 역시 핀란드인들의 갈증을 해소해주기에 충분했다. 게다가 중산층을 겨냥한 이 회사들의 제품은 누구나 집에 하나쯤은 가지고 있을 법한 생활용품이었다는 점에서 국민적 지지를 받기에 손색이 없었다. 그 당시 형성된 이 회사들을 향한 국민적 관심과 지지는 현재까지도 이어지고 있으며 이들의 성공은 회사의 성공 그이상의 의미를 지닌다.◆

과거 핀란드의 모더니즘을 세계에 알렸던 제품들의 상당수가 여전히 생산, 판매되고 있다는 사실이 놀랍다. 알바 알토의 '스툴 Stool 60'◆◆과 마리메꼬의 우니꼬Unikko◆◆◆ 패턴은 제작된 지 수십 년이 흐른 현재에도 회사의 상징이다. 아이노 알토와 카이 프랑크의 유리잔은 여전히 이딸라의 스테디셀러이며, 타 회사나 해외 디자

◆ Pekka Korvenmaa (2010), 'Finnish Design, A Concise History', Helsinki, University of Art and Design Helsinki.

◆◆ 건축가이자 디자이너인 알바 알토는 가구나 조명 등을 독립적으로 만들지 않고 항상 건축물의 일부로 함께 기획, 제작했다. '스툴 60'은 그가 1933년에 만든 의자로, 비푸리(Viipuri) 도서관을 지으며 실내에서 쓰일 가구로 제작되었다. 자작나무 원목 끝에 여러 개의 칼집을 내고, 그 틈새에 반대 결의 나무를 끼워 넣어 열과 증기를 이용해 90도로 구부린 L 모양의 다리 3개를 둥그런 상판 밑에 붙인 스툴 60은 그 간결한 생김새 덕분에 의자·탁자 등 다양한 용도로 활용될 수 있고, 사용하지 않을 때에는 높이 쌓을 수 있어서 공간 활용을 극대화했다. 내구성과 단순미를 가진 이 혁신적인 L 모양 원목 다리는 탁자나 소파 등에 활용되며 그의 가구에 널리 쓰였다. 스툴 60은 알바 알토의 대표작으로 꼽히며 여전히 제작, 판매되고 있다.

◆◆◆ 1964년에 핀란드 텍스타일, 패션 브랜드 마리메꼬의 설립자였던 아르미 라띠아(Armi Ratia)는 앞으로 마리메꼬는 꽃무늬를 제작하지 않을 것이라 공표했다. 그러나 디자이너 마이야 이소라 (Maija Isola)는 그 의견에 반기를 들고 그녀의 다음 시리즈를 꽃으로 도배했다. 그렇게 탄생한 패턴 우니꼬(Unikko, 양귀비)는 기존에 존재하던 익숙한 꽃무늬와는 달랐다. 멀리서도 눈에 띌 만큼 강렬한 색상의 큼지막한 꽃에서는 강렬함과 대담함이 느껴졌고 이는 사람들에게 큰 사랑을 받았다. 우니꼬는 마리메꼬의 상징으로 남았고 여전히 해마다 새로운 색상으로 제작되고 있다.

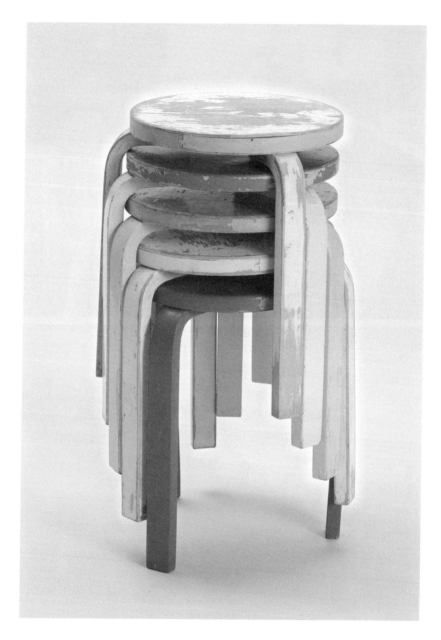

알바 알토가 아르떽에서 생산한 스툴 60 / 사진 © Marco Melander

빈티지 상점에서 옛 핀란드 디자인 제품을 찾는 것은 결코 어렵지 않다. 마리메꼬의 제품은 쉽게 눈에 띄고, 디자이너 카이 프랑크의 떼마(Teema) 식기 역시 구하기 쉽다.

이너들과의 협업으로 한정판으로도 꾸준히 제작되고 있어 수집가들을 설레게 하기도 한다. 특히 수집에 열을 올리는 일본인들은 이 한정판 제품에 열광하기 때문에 일본 디자이너들과의 지속적 협업은 현재 핀란드 제품 회사들의 주요 사업 중 하나이기도 하다. 핀란드에 개별 혹은 단체로 여행을 와서 가게를 돌아다니며 수집할 물건들을 찾느라 분주한 일본인들을 마주치는 것은 어려운 일이 아니다. 이렇게 오래전 만들어진 제품들이 여전히 생산되고 사랑받는 것은 정말 신기하고 부러운 일임과 동시에 제품 디자이너들에게는 힘 빠지는 일이기도 하다. 사실 젊은 핀란드 디자이너나 건축가들 중에는 과거 스타 디자이너들이 만들어놓은 교본과도 같은 틀을 깨기 어렵다며 피로감을 호소하는 사람들도 있다.

빈티지 상점

오랜 시간에 걸쳐 국민적 규모의 사랑을 받아오다 보니 벼룩시장이나 중고 가게에 가면 이런 제품들을 어렵지 않게 발견할 수 있다. 그중에서 특히 여러 벌이 필요한 접시, 컵 등과 같은 식기류가 가장 쉽게 눈에 띈다. 하지만 비슷해 보이는 컵과 접시라고 다 같은 것은 또 아니다. 나는 비록 이 분야에 전문가는 아니지만 여러 중고 가게들과 벼룩시장 등을 돌아 몇 년 동안 귀동냥을 하며 알게 된 정보들이 있다. 유리컵의 경우 과거에만 생산되었던 색상이 있으며 이 경우에는 가격이 훌쩍 뛴다. 예를 들어, 이딸라에서는 여전히 1960년도에 처음 제작되었던 카이 프랑크 컵의 색상을 바꾸어가며 출시하곤 하는데, 과거에만 생산되고 단종된 색상들의

길을 걷다 만날 수 있는 다양한 빈티지 상점들과 그 물건들

경우에는 중고 시장에도 타 색상 동일 제품에 비해 가격이 높다. 또한 붉은색 유리컵의 경우 과거에는 납을 섞어 쨍한 색상을 만들어냈는데 이러한 제작 방법은 인체에 해롭기 때문에 현재 금지되었다. 그렇기 때문에 과거에 만들어진 붉은색 유리 제품의 경우 그 희귀성과 차별성을 인정받아 타 색상의 동일 제품보다 가격이 두 배 이상 비싸기도 하다. 도자기의 경우도 과거 손으로 문양을 그렸던 시리즈가 투박해 보이지만 현재 스티커를 붙여 생산하는 동일 제품보다 값어치가 훨씬 높다.

물론 이러한 디자인 제품들을 조금 더 전문적으로 취급하는 빈티지 상점이 존재하며, 이러한 중고 가게는 가게 주인의 관심사와 역량에 따라 유리, 도자, 가구, 의류와 같이 품목에 따라 나뉘기도 하고 시대에 따라 나뉘기도 한다. 특히 핀란드 제품 디자인의 황금기였던 1950년대 전후 모더니즘 시대의 제품을 취급하는 가게들이 많은데, 이런 가게에서는 기존의 유명한 제품을 비롯해 동시대의 정취를 공유하는 디자이너, 회사의 제품, 작자 미상의 프로토타입prototype 등 또한 볼 수 있어 핀란드 제품 디자인의 박물관이나 다름없는 볼거리를 제공하기도 한다.

야따 "벼룩시장을 찾아 가족 여행을 다녔어요."

언덕 아래 작은 가게

헬싱키에는 바위라는 뜻을 가진 깔리오Kallio라는 동네가 있다. 그 이름에서 유추할 수 있듯이 동네는 암반으로 이루어진 언덕에 자리하고 있다. 헬싱키를 비롯해 핀란드는 전반적으로 매우 편평하기 때문에 깔리오의 바위 언덕은 상대적으로 극적인 느낌을 준다. 시내와 가까워 교통이 매우 편리하고 도시의 중심을 가로지르는 중앙 공원의 어귀이자, 건축가 알바 알토의 핀란디아 홀Finlandiatalo과 오페라하우스Oopera, 몇 해 전 완공된 새 음악당Muusikkitalo, 새 중앙도서관 오디Oodi와 같이 도심 내 기념비적인 건축물들이 둘러싸고 있는 뙬뢰만Töölönlahti灣(뙬뢰 지역에 호수처럼 내륙으로 바다가 들어와

헬싱키 세컨드핸드의 야따

있는 만이 있다.)과 맞닿아 있는 지리적 요건 덕분에 거주 인구가 많고 작은 가게들이 골목골목 즐비해 유동 인구도 많은 동네다. 특히 외국인 거주 비율이 높아 다양한 문화를 즐기고 싶어 하는 자유분방한 젊은이들과 도시의 편의를 누리고 싶어 하는 젊은 가족들이 많이 사는 활기찬 동네다.

언제부터인가 이 지역을 지나칠 때마다 중고 가게 '깔리오 세컨드핸드Kallio secondhand'가 내 주의를 끌기 시작했다. 버스나 트램을 타고 시내로 향하는 길에 항상 이 가게를 지나치곤 했기 때문이다. 그러나 도무지 가게 문이 열려 있는 것을 본 적이 없었다. 유리창 너머로 보이는 가게 내부는 흥미로운 물건으로 가득했으나 문은 굳게 닫혀 있고 인기척은 느껴지지 않았다. 얼마 후 깔리오 세컨드핸드의 영업시간이 일반적이지 않다는 것을 발견했다. 헬싱키에 있는 중고, 골동품 가게들이 불규칙적이고 비일반적인 영업시간을 갖고 있는 경우는 흔하다. 예를 들어 일주일 중 화·수·금요일 3시에서 5시에만 문을 연다든지, 월·목·금·토요일 4시에서 8시까지만 영업을 한다든지 하는 식이다. 달력에 표시를 해두지 않으면 외우기가 쉽지 않다. 그래서 꼭 가게에 가보아야만 한다는 뚜렷한 목적과 강한 의지가 있지 않은 이상 방문은 예상만큼 쉽지 않다.

그러던 어느 토요일, 마음을 굳게 먹고 시간을 내어 가게가 문을 여는 정오에 찾아갔다. 강한 의지 덕분에 가게 문이 열리기도 전에 도착할 수 있었고 잠깐의 기다림 끝에 첫 손님으로 가게에 발을 들일 수 있었다. 가게 주인 야따Jatta는 환한 미소로 나를 맞아주었다. 깔리오 세컨드핸드는 1960, 1970년대 정취가 묻어나는 중고 제품을 파는 가게로 아담한 가게 안은 명성 높은 핀란드 디자인 제품을 비롯해 시대의 정취를 공유하는 인테리어 소품과 가구, 조명, 의류 등으로 가득했다. 젊은 가게 주인 야따에게 궁금한 점이 많았던 나는 인터뷰를 요청했고 다행히도 그녀는 흔쾌히 수락해주었다.

퇴근 후 사장이 된다

며칠 뒤 낮게 깔린 저녁 햇살이 눈을 찌르는 깔리오 언덕 중턱에 자리한 카페 꿀마 꾸뻴라Kulma Kuppila에서 만난 우리는 공통의 관심사를 가지고 이야기를 나누기 시작했다. 야따가 사업을 시작한 것은 생각보다 오래전이다. 그리고 이를 꿈꾸기 시작한 것은 그보다도 더 오래전이다.

"부모님은 골동품을 모으는 취미를 갖고 계셨어요. 취미라고 부르기에는 아주 심도 있게요. 그 영향을 받아서 그런지 우리 삼남매는 꽤나 독특한 유년 시절을 보낸 기억이 있어요. 학교가 방학을 하거나 휴가철이 되면 온 가족이 함께 차를 타고 다른 마을, 다른 도시들을 다니며 온갖 중고 가게, 벼룩시장, 골동품 경매장을 다녔어요. 그런데 그때 당시 이런 여행을 온전히 즐기지 못했던 것 같아요. 10살 먹은 어린아이가 경매장이 재미있으면 그게 더 이상하잖아요?"

이미 어릴 적부터 아기자기한 소품을 모으는 것을 좋아했던 그녀에게 있어 그 지루함이 즐거움으로 바뀌는 것은 단순한 시간 문제였다고 한다.

헬싱키 세컨드핸드의 내부. 관련 전문 지식 없이도 야따의 가게를 즐길 수 있다.

가게 안은 얘따 본인의 수집품으로 가득하다.

특히 여름이 되면 야따 가족이 살던 북쪽 도시 로바니에미 Rovaniemi에서 남쪽 헬싱키까지 며칠에 걸쳐 차를 타고 내려오며 중간중간 스치는 작은 도시에서 흥미로운 물건을 살피는 가족 여행을 하곤 했다. 가족의 종착지는 매력적인 골동품과 외국에서 들어온 희귀한 물건들로 가득해 명성이 높았던 헬싱키의 히에딸라흐띠 벼룩시장Hietalahden kirpputori(줄여서 '히에쭈Hietsu'라고 부른다.)이었다. 가족은 이곳에 도착하면 모두 뿔뿔이 흩어져 마음에 드는 물건을 찾아 몇 시간이고 돌아다니다가 다시 만나 각자의 발견이 얼마나 대단한 것인지 서로에게 열성을 다해 설명하곤 했다.

이렇게 중고 문화를 즐기는 것이 너무나도 자연스러운 일상이었던 어린 야따의 마음속에 언제부터인가 꼭 나만의 가게를 열고 싶다는 생각이 자연스레 자리 잡았다. 야따가 17살 무렵 그녀의 집에 잠시 머물렀던 교환 학생을 몇 해 후 다시 만났을 때 그녀가 '오, 그렇게 얘기하더니 결국 네 가게를 열었구나!'라고 말했던 것으로 보아 야따 본인의 기억도 가물가물하지만 아마도 17살 이전부터 가게 주인을 꿈꾸어왔을 거라 추측한다.

"깔리오 세컨드핸드가 나의 첫 가게는 아니에요. 대학에서 도자기를 공부했는데 마음 맞는 친구들과 의기투합해서 2006년도에 핀란드의 젊은 디자이너들의 제품을 판매하는 가게를 연 것이 처음이었어요. 하루는 가게에 진열장이 부족해서 중고 가구를 구해와 상품을 진열해놓았는데, 가게를 찾은 손님들이 그 진열장 구입에 지속적으로 관심을 보이는 거예요. 그래서 새 제품과 오래된 제품을 적당히 섞어서 판매하기 시작했어요. 당시에는 꽤나 파격적인 선택이라 나와 친구들 사이에서도 의견이 분분했죠."

몇 해가 지난 후 야따는 홀로 사업을 시작했고 몇 번의 이전을 거듭하다가 2014년 현재의 위치에 깔리오 세컨드핸드를 열었다.

"대학생 시절에 중고 가게에서 아르바이트를 했어요. 주중에는 학교에 다니고 주말에는 중고 가게로 출근을 했는데, 당시 중고 가게에서 일하는 게 너무 재미있어서 시간이 가는 줄도 몰랐어요. 게다가 주말 시급은 평일의 두 배였기 때문에 당시 나에게 최고의 직장이었죠. 결국 입학해서 졸업할 때까지 같은 가게에서 일했고 그 덕분에 중고 가게를 운영하는 법도 자연스레 익힐 수 있었어요."

흥미로운 점은 깔리오 세컨드핸드가 야따의 두 직장 중 하나라는 점이다. 낮에는 평범한 직장에 다니고 퇴근 후 그녀는 어릴 적 꿈이 담긴 그녀의 가게로 돌아온다. 보통의 열정과 관심으로는 두 가지 직업을 병행하기 결코 쉬워 보이지 않지만 워낙 어렸을 적부터 머릿속에 그려왔던 '내 일'이기에 매우 자연스러운 결정이었다는 말을 하며 웃는 그녀가 존경스럽기까지 했다.

오래된 새것

밖에서 야따의 가게를 바라보면 따뜻한 느낌을 받는다. 간결하고 현대적인 느낌의 식당이 많은 길에 단연 눈에 띄는 작은 가게다. 커다란 유리창 너머로 보이는 내부는 그냥 바라보기만 해도 즐거운 물건들로 가득하다. 1960, 1970년대의 정서를 공유하는 과감한 색상의 플라스틱 조명 갓들이 천장을 빼곡히 메우고 있다. 쇼윈도의 마네킹은 알록달록한 가구의 원목과 소파 천이 주는 따뜻함은 지나는 이의 시선을 잡아끈다. 그러나 전문적 지식을 갖고 있지 않아도 야따의 가게를 즐기는 데에는 전혀 문제가 없다.

가게 안을 가득 채우고 있는 매력적인 물건들의 대부분은 야따 본인의 수집품이다. 부모님의 영향을 받아 어려서부터 물건 모으기를 즐겼던 그녀에게 중고 물건 쇼핑은 항상 설렘을 가져다주었다. 무엇이 있을지 예상 가능한 일반 가게와는 달리 중고 가게와 벼룩시장에는 같은 물건을 다음번에 또다시 찾을 수 있을 거라는 기약이 없었다. 그 속에서 생각지도 못한 물건들을 발견했을 때 느끼는 기쁨은 떨치기 어려운 마법과도 같았다. 그렇게 하나둘씩 시간이 날 때마다 틈틈이 모아온 물건들이 수년간 쌓였고 이제는 이 물건들이 야따의 가게에서 새 주인을 기다린다.

"워낙 물건 모으는 것을 좋아해서 내가 가진 것들만으로 가게를 쉽게 채울 수 있어요. 가끔씩 부모님 집을 방문할 때면 두 분이 함께 평생을 그득그득 채워오신 창고를 열어 판매할 물건을 탐색하는 '부모님 찬스'를 사용하기도 해요. 혹여 수리가 필요한 물건의 경우 아빠의 손을 거치면 새것처럼 말끔해지기도 하고요."

야따의 가게에는 오래된 물건과 새 물건이 공존한다. 그녀는 오래된 것과 새것이 함께 만들어내는 뜻하지 않은 조화를 좋아한다고 한다. 잘 만들어진 새 물건도 많지만 1960, 1970년대에 만들어진 물건들이 훨씬 튼튼한 경우가 많아 종종 놀란다며, 중고 문화에 대한 사람들의 관심이 더욱 고취되어 우리가 만드는 물건과 환경에 대해 사람들이 다시금 생각해볼 수 있는 계기로 발전했으면 한다고 그녀는 말한다. 꿈으로 빚어낸 일터에서 오늘 저녁에도 열정으로 어둠을 밝히고 있을 야따를 상상하며 힘을 얻는다.

빠시 "옛 물건의 가치를 재발견하는 것이 제가 할 일입니다."

빈티지 가구점 '크루나'

집과는 인연이 없던 내가 가장 오래 머물렀던 집은 지은 지 100년이 훌쩍 넘은 웅장한 외관의 석조 아파트로 약 1년 3개월을 지냈다. 그곳은 고풍스런 옛 건물들이 빽빽하게 자리하고 있는 크루눈하까Kruununhaka라는 이름의 동네였다. 과거 핀란드의 수도가 뚜르꾸Turku(서쪽 해안가에 자리한 도시)에서 헬싱키로 이전하며 헬싱키대학교University of Helsinki와 헬싱키 대성당을 중심으로 주요 정부 기관들과 주거 단지가 형성되며 차츰 수도로서의 모습을 갖추어가기 시작했는데 크루눈하까도 그 무렵 조성되었다.♦

당시 지금의 남편을 만나 연애 중이었는데, 동네를 산책하며

핀란드의 오래된 가구와 조명, 소품이 만드는 크루나의 풍경은 따뜻하다.

두런두런 일상의 이야기를 나누는 것이 우리에게는 아주 중요한 일이었다. 크루눈하까는 헬싱키에서 가장 유명한 관광지로 꼽히는 헬싱키 대성당과 각종 여객선이 정박하는 항구를 옆에 끼고 있음에도 불구하고 매우 조용한 동네다. 옛 정취가 물씬 풍기는 고즈넉함과 사람들이 만들어내는 활기가 길 하나를 사이에 두고 조화를 만드는 이 매력적인 동네는 서로를 알아가고 싶은 커플에게는 더할 나위 없이 평화로운 산책로를 제공했다.

큰길에서 어느 한적한 골목으로 꺾어 들어가면 비탈길 1층에 자리 잡은 크루나Kruuna라는 이름의 중고 가구점을 볼 수 있었다. 항상 같은 저녁 시간대에 산책을 하다 보니 가게 문은 늘 닫혀 있었다. 밖에서 들여다본 내부는 고상하고 깔끔한 북유럽식 가구와 조명, 식기, 각종 소품들로 가득했다. 분명 오래되었지만 전혀 낡아 보이지 않는 소파와 조명이 마치 고급스러운 인테리어 잡지의 한 페이지처럼 보였다. 그러나 '보시다시피 싸지 않아'라고 새침하게 말하는 것만 같아 지레 겁을 먹고 들어가볼 생각조차 하지 않았다. 그 후로도 오랫동안 우리는 그 가게 옆을 스쳐 지났고 그 순간마다 빼앗기는 시선을 즐기는 것으로 만족했다. 그러던 어느 날, 부부가 되기로 한 우리는 같이 살 집을 구하고 그 안을 채울 '우리의 물건'을 고민할 순서가 다가오자 '못 먹는 감 구경이나 하자'는 심정으로 용감하게 가게 안으로 입장했다.

가까이서 본 물건들은 훨씬 더 아름다웠다. 군더더기 없는 원

◆　스웨덴과 러시아의 전쟁에서 러시아가 승리하며 러시아는 1809년 핀란드의 수도를 뚜르꾸에서 헬싱키로 옮긴다. 뚜르꾸가 스웨덴과 가까웠던 반면 헬싱키는 러시아의 세인트 피터스버그(St. Petersburg)와 가까워 여러모로 통제가 쉬웠기 때문이다.

크루나의 빠시

목 가구들은 세월의 흐름에 구애받지 않는 고상함과 세련미를 지녔고, 소파 천의 감각적인 색상과 패턴은 깊이 있는 원목과 대조적인 조화를 이루고 있었다. 우리는 마치 무언가에 홀린 것처럼 가게 구석구석을 돌아다니며 머릿속으로는 이미 가게 안의 가구들을 집 안에 배치하고 있었다. 그렇게 우리가 비현실적이기에 더욱 달콤한 상상 속에 빠져 허우적거리고 있을 무렵에 빠시Pasi를 만났다.

가게 안의 물건들과 마찬가지로 빠시 역시 매력적인 사람이었다. 크루나의 주인인 빠시는 수줍어 보이는 미소와는 대조적으로 마치 우리의 질문을 기다려왔다는 듯 수도꼭지를 돌리면 나오는 물처럼 이야기를 쏟아내며 반죽 좋기로 둘째가라면 서러울 남편과 대화를 이어가기 시작했다. 빠시 역시 오래된 핀란드 제품에 관심을 보이는 젊은 이방인들이 흥미로웠는지, 아니면 물건을 향한 우리의 순수한 관심이 좋았는지 물건 하나하나에 대한 세세한 이야기를 들려주며 금방 거리를 좁혔다.

평가절하된 옛 물건들을 찾아라

이 책을 구상하기 시작하며 가장 먼저 떠오른 사람은 다름 아닌 빠시였다. 빠시와 대화를 하면 할수록 그의 작은 목소리와 부드러운 표현에서 강단과 신념을 느낄 수 있었다. 빠시는 지금 자신이 하고 있는 일이 무엇이며, 앞으로는 무엇을 하고 싶은지, 또 그것을 이루기 위해서는 무엇을 해야 하는지 아는 사람이라 느꼈다. 그는 자신이 하는 일을 향한 끊임없는 열정과 비판적인 시각을 지

넀고 이를 뒷받침해줄 만한 방대한 지식과 탐구열 역시 갖고 있다. 그를 향한 존경심은 빠시라는 사람에 대한 궁금증으로 번졌고, 이번 일을 기회 삼아 정식으로 인터뷰를 요청할 수 있었다.

그가 중고 제품 판매 사업에 본격적으로 뛰어든 것은 약 10년 전이라고 한다. 하지만 아주 어렸을 때부터 주변 사물을 대하는 본인의 시선과 태도는 여느 또래 아이들의 그것과는 조금 달랐다고 빠시는 말한다.

"우리 집은 여러 세대가 함께 사는 대가족이었어요. 주변에 친척도 많았죠. 어렸을 때부터 자연스럽게 할머니, 할아버지를 통해 다양한 경험을 할 수 있었어요. 특히 나는 주변 환경에 대단히 관심이 많았어요. 길거리를 다니면 간판을 관찰하기 바빴고, 다른 집을 방문하면 그 집 안의 물건들을 살피느라 바빴어요. 직접 손으로 만지면서 그 재료의 특성을 느끼고 배우는 것을 매우 좋아했는데, 자칫 잘못하면 오해와 불쾌감을 사기 딱 좋은 행동이었죠. 단지 그때는 그런 행동이 귀여워 보일 만큼 나이가 어렸기 때문에 다들 웃고 말았던 것뿐이겠죠."

그는 중고 가게를 포함한 다양한 가게에서 물건들을 관찰하고 사색하는 것을 매우 즐겼다. 여느 또래 같지 않은 어린 빠시의 행동이 기특했는지 혹은 신기했는지 주변 어른들은 가끔씩 그가 좋아하는 물건들을 직접 구매할 수 있도록 도움을 주기도 했다고 한다.

시간이 지나면서 빠시는 물건이 지닌 가치와 가격에 대한 고민도 자연스레 하게 되었다. 사물이 지닌 형태와 색상, 재료의 고유한 아름다움 너머로 이를 만드는 사람과 그 기술 또한 그의 관심거리가 되었다. 한번은 8살의 어린 빠시가 중고 가게에서 우연히 10마르까(약 2천 원)의 가격표가 붙어 있는 나무 보드 게임판을 발견했다. 비록 작자와 제작 시기 모두 미상이었지만 그 기술의 정교함에 감탄한 어린 빠시는 자신의 판단에 따라 가격에 '0'을 하나 추가하여 원래 가격의 10배의 액수를 지불하려 드는 바람에 가게 안의 어른들을 깜짝 놀라게 만든 일화를 들려주었다. 그 당시 빠시는 그 물건이 지닌 가치에 비해 가격이 너무 낮게 책정되었다고 생각했고 이에 오히려 크게 실망했다고 회상했다.

"저는 새 물건보다는 평가절하된 옛 물건들을 찾아 가치를 알아가는 것에 더 흥미를 느꼈어요. 참 아이러니하게도 요즘 만들어진 물건보다 옛날에 만들어진 물건이 튼튼하고 정교한 경우가 많거든요. 그래서였는지 나중에 어른이 되어서 빈티지 가구점을 열겠다는 목표가 자연스레 자리 잡았던 것 같아요."

하지만 관심 있다고 무작정 사업을 시작할 수는 없는 노릇이다. 빠시는 성인이 된 후 다양한 일을 하며 견문을 넓히는 와중 틈틈이 공부하고 물건을 수집했다. 사업을 하기 위해서는 제품 제작의 역사와 그에 따른 산업의 변천사뿐 아니라 디자이너와 예술가, 제조사에 대한 방대한 지식이 필요했고 그에게 가장 부족한 것은 시간이었다.

"사업을 준비하는 단계에서 물건 수집에 몇 년 동안 열을 올렸어요. 모으기 시작하니 끝이 보이지 않았지요. 지금 만약 그때로 돌아갈 수 있다면 무작정 물건을 수집하는 데에 매달리기보다는 조금 더 일찍 사업을 시작하고 손님들이 어떤 물건에 관심을 보이는지를 알아가며 수집하는 쪽을 택할 거예요. 내가 좋아서 수집한 물건과 손님이 갖고 싶어 하는 물건은 다르니까요."

그는 애초에 한자리에 깊이 뿌리 내릴 생각으로 가게의 위치를 선정하는 데에 신중을 기했다고 한다. 일반적인 가게와는 조금 다르게 빈티지 가구점의 특성상 동일한 손님이 1년에 여러 번 찾아오는 일은 드물 뿐더러 그 도시에 단지 하루, 이틀만 머물다 떠나는 관광객 손님들도 많기 때문에 오랜 시간이 지나도 이들이 다시 찾아오기 쉽도록 동일한 자리를 지키는 것이 좋겠다는 판단 때문이었다. 다행히도 크루나는 시작부터 지금까지 같은 자리를 지키고 있다. 물론 그는 같은 자리를 지키는 것 자체가 상인에게는 아주 커다란 도전이라는 말도 덧붙였다. 아마도 이것은 부동산 가격이 훨씬 더 높고 상가 임대료가 해마다 무섭게 오르는 한국에서는 더욱 녹록치 않은 일일 것이다.

또 하나의 미래 유산

크루나는 1950년대 가구를 중심으로 1930~1970년대의 조명, 유리, 도자, 텍스타일 등을 취급한다. 그중에는 책에서 익히 보아온 유명 제품도 있고 디자이너나 예술가, 회사가 프로토타입으로 제작했던 희귀한 제품들도 있다. 또한 이름이 알려진 스타 디자이너 이외에도 그 당시 핀란드와 북유럽의 정취를 드러내는 작업을 했던 디자이너들의 작업물 또한 볼 수 있으니, 시대별로 전시품을 일목요연하게 잘 갖추어놓은 박물관이 따로 없다.

그가 지금의 위치에서 가게를 운영한 지 어언 10년이 다 되어가지만 가게의 규모는 처음과 변함없이 그대로이고 앞으로도 키울 예정은 없다고 못을 박는다. 현재 가게의 크기는 빠시와 그의 동업자인 얀Jan이 직접 관리하고 물건 하나하나에 정성을 쏟을 수 있는 가장 적당한 크기이기 때문이다. 가게의 크기는 진열할 수 있는 물건의 개수는 물론이고 이 두 사람이 구매하고 관리하고 판매하는 물건의 품질에도 큰 영향을 미친다고 한다. 빠시와 얀이 취급하는 물건들 중 특히 가구들은 연식이 오래되었기 때문에 크고 작은 수선이 필요한 경우가 대부분이다. 소파나 의자 등 직물이 포함된 가구는 필요한 경우에 내부의 스프링이나 벨트를 교체하거나, 낡고 헤어진 천은 천갈이를 하고, 오염된 가죽은 때를 제거하고, 뜯겨나간 무늬목은 수선을 한다. 의자의 내부 구조를 드러내거나 천갈이를 해야 하는 경우 숙련된 전문가에게 의뢰를 해야 하는데, 어디나 그렇듯 솜씨 좋은 사람에게만 일이 몰리다 보니 원하는 결과물을 얻기 위해서는 오래 기다려야 하는 고충이 있다고 한다. 그러한 이유로 기본적인 수선은 빠시와 얀이 배워서 직접 하지만 이 역시 시간과 인건비가 들기 때문에 애초에 수선할 수고가 덜 드는 온전한 상태의 물건을 들여오려고 노력한다고 한다. 물론 이 모든 조건을 뛰어넘는 아주 매력적인 물건은 예외다.

빠시는 판매할 만한 물건을 직접 구매하여 수리 작업을 거친 후 판매한다. 보통 의뢰인으로부터 직접 연락을 받아 물건의 상태와 가치 등을 검토한 후 구매 여부를 결정하는데, 이 의뢰인들 중에는 그의 경력과 전문성 덕분에 평소에 개인적 친분을 쌓아온 공직자, 기업가, 예술가나 디자이너, 그들의 가족인 경우가 많다. 이들에게서 의뢰를 받아 직접 물건을 확인하고 검증하는 과정에서 예민한 가족사나 개인사를 불가피하게 접하게 되는 경우가 많은데, 대부분은 지극히 개인적인 이야기들이기에 이것이 판매 과정

크루나에서는 1950년대 핀란드 제품을 중심으로 한 북유럽의 정취를 느낄 수 있다.

에서 가십거리로 소비되지 않도록 각별히 주의한다. 또한 이들과의 친분 자체가 손님의 구매 결정 과정에 영향을 주는 것을 막기 위해 빠시는 물건의 전 소유주에 대한 정보를 구매자에게 공개하지 않는 것을 원칙으로 삼는다.

"오래된 골동품이나 중고 물건의 가격을 좌지우지할 수 있는 요소는 여러 가지예요. 예술가 혹은 디자이너의 명성, 물건의 재료, 완성도, 희소성, 보관 상태 등이 주된 요소인데 이외에 많은 사람들을 단번에 사로잡는 것은 그 물건이 지닌 '이야기'예요. 모두 같은 시기에 생산된 접시라고 해도 디자이너가 직접 생산 과정에 참여한 접시라든지 혹은 유명한 누군가가 소유했던 접시라든지, 호기심을 자극할 만한 이야기가 더해지면 일반적인 가격에서 두 배, 세 배가 훌쩍 넘어도 사람들은 기꺼이 그 값을 지불합니다. 그 이야기가 자극하는 달콤한 상상들이 구매로 이어진다는 것을 판매자들 역시 알고 있으니 안타깝게도 이것이 악용되는 경우도 있죠."

여기서 재미있는 점은 손님 역시 아름다운 이야기만 듣고 싶어 한다는 점이라고 빠시는 덧붙인다. 한번은 가게에 진열된 조명의 전 소유주가 해당 조명을 중고로 팔고자 하는 이유를 매우 집요하게 물어오는 손님을 만나 곤욕을 치렀다. 며칠을 시달리던 끝에 빠시는 원칙을 깨고 전 소유주가 그 물건을 판매하려고 하는 진짜 이유를 들려주었는데, 그 손님은 상상과는 달리 우울한 내용이라며 도리어 매우 불쾌해했다는 웃지 못할 일화를 들려주었다.

누구나 오래된 가구의 그 우아한 외형만큼이나 우아한 이야기를 기대하기 쉽지만, 빠시에게 연락을 취해오는 사람들은 나이가 많아 요양소로 떠나는 노인들이나 그들의 자녀들, 부모의 임종

가게 안은 빠시와 얀의 손길이 닿은 물건들로 가득하다.

물건들은 저마다의 사연을 가지고 새로이 쓰이기를 기다린다.

후 부모가 소유했던 물건을 정리하는 자녀들, 경제적 사정이 여의치 않아져 갖고 있던 물건을 처분하려는 사람들인 경우가 대부분이라고 한다. 슬픈 이야기다. 의뢰인에게서 연락을 받으면 빠시는 직접 그 장소를 방문해 의뢰인의 물건들을 살펴본다. 역사적 가치가 있는 물건인지, 물건이 크루나의 이미지와 일치하는지, 수선 작업은 얼마나 요하는지 등을 꼼꼼히 따진 후 구매 여부를 결정한다고 한다. 빠시 스스로도 믿을 수 없을 만큼 연식에 비해 관리 상태가 좋은 물건들도 있지만, 가치가 있는 물건임에도 불구하고 안타까울 만큼 보관을 잘 못해 수리를 해도 복구가 어려운 경우도 적지 않다고 한다. 옆에서 눈을 반짝이며 기다리고 서 있는 의뢰인의 높은 기대가 민망할 정도로 소위 건질 게 하나도 없는 경우도 흔하다고 한다. 그래도 헐값에 팔거나 버리지 않고 수고스럽게 자신에게 연락을 취하는 사람들에게 고마움을 느낀다고 빠시는 말한다. 재력가 부모가 평생을 수집해온 가치 있는 옛 물건들을 단순히 지겹다는 이유로 기부형 중고 가게에 전부 가져다준 자녀도 있었다고 귀띔하며 빠시는 웃었다. 물론 그 덕분에 일반 구매자들이 좋은 물건을 비싸지 않은 가격에 구매할 수 있었다.

이런 방식으로 가까스로 구제되는 물건들이 있는 반면, 제대로 된 보호와 감식 없이 버려지고 잊히는 옛 물건들이 너무나도 많다며 빠시는 울분을 감추지 않는다. 핀란드 전역에는 더 이상 쓰임새가 없거나 안전하지 않다는 이유로 철거 대상으로 지목된 옛 건물들이 전국 곳곳에 흩어져 있다. 이중에는 오래된 교회, 마을 회관, 창고, 지역 보건소 등 과거의 한때 제 임무를 성실히 다했던 다양한 용도의 건물들이 있는데, 특히나 빠시의 주의를 끄는 것은 고속 성장 시절에 팽창하던 도시인구를 수용하기 위해 지어진 건물들이다. 당시 건축계에도 모더니즘의 바람이 불면서 저렴하고 빠르게 지을 수 있는 모듈 건축 방식이 대중화되기 시작했는데, 이러한 건물에 일반적으로 쓰이는 자재는 한정적이었다. 때문에 건물의 모양새에는 그 시대의 성격을 고스란히 반영한 공통적으로 두드러지는 특징이 있는데, 비슷한 모양새의 건물들이 급속도로 증식하다 보니 이 특징은 건물의 못생김과 직접적인 연관이 있기도 하다. 하지만 천덕꾸러기 취급하며 타박하기 전에 역사적 배경을 이해하고 당시의 한계를 수용한다면 후대에 자료로 남길 만큼의 가치를 지닌 건물들도 많다는 것이 빠시의 의견이다. 이들 대부분이 체계적인 감식과 보존 계획 없이 철거되고 있고, 철거 전 허술한 건물 내부 출입 통제로 그 건물 내부를 채웠던 가구, 조명, 벽지, 마감재 등이 도난을 당하기도 한다. 이렇게 도난당한 물건들은 그 가치를 제대로 알지 못하는 사람들에 의해 헐값에 팔린다. 빠시는 건물을 철거 대상으로 규정하기에 앞서 철저한 통제하에 건물을 감식하는 제도가 도입되어야 한다고 말한다. 미래의 국가에 귀중한 역사적 자료이자 자산이 될 것을 믿어 의심치 않기 때문이다. 이에 더불어 제대로 된 감식 절차는 장기적으로 그 지역 주민들의 자부심과 연대감에도 긍정적인 영향을 줄 것이라는 것이 그의 의견이다.

경매 최고가에 대한 우려

빠시에게는 '목마름'이라는 묘사가 어울린다. 그는 가게를 지키는 와중에도 끊임없이 공부한다. 가게 한켠에 마련된 그의 책상과 책장 안에 자리한 방대한 양의 책과 옛 잡지, 카탈로그, 각종 고증 자료가 만든 산이 그의 탐구와 열정의 명백한 증거다. 특히 그의 핀란드 디자인 제품의 역사 지식은 놀랄 만큼 해박하다. 툭 건드리면 쏟아져 나오는 역사적 지식들은 그가 얼마만큼의 시간과 노력을 쏟아부어왔는지를 여실히 보여준다. 그는 경매에서 핀란드 디자인 제품을 구매해 기부하는 활동을 하는 지인들과 매주 정기적으로 만나 그들이 구매한 물건에 대해 함께 면밀히 연구한다. 옛 자료를 꼼꼼히 살펴보고 제품의 크기를 센티미터, 밀리미터까지 공부한다고 그는 표현한다. 빠시는 이렇게 연구한 자료의 물건 가치를 좀 더 많은 사람들과 공유하고 싶은 바람이 있다고 말한다. 인터뷰를 위해 가게를 방문한 날에도 빠시는 누군가가 보내온 논문의 첨부 자료를 검토하고 있었고, 1년에 두 번씩 열리는 유럽 내 북유럽 골동품 경매 회사 측에서 보내온 핀란드 골동품의 진위 여부를 고증하고 가치를 측정해야 한다고 했다. 최근까지 영국 V&A 박물관, 일본 오사카 세라믹 박물관 등 영국, 미국, 일본 등지의 박물관에 전시품을 제공하고 고증 자료를 만드느라 매우 바쁜 시간을 보냈다고 한다. 박물관 관계자들은 꼼꼼한 빠시가 상상하는 것 이상으로 면밀하면서도 동시에 방대한 양의 정보를 요청했고 덕분에 공부를 아주 많이 했다고 그는 웃으며 말했다.

더불어 빠시는 요즘 들어 핀란드의 디자인 골동품 가격이 해외 주요 경매에서 최고가를 경신하고 있다는 소식도 전해주었다. 빠시는 여기에 기쁨과 우려를 동시에 표한다.

"핀란드 디자인 제품이 해외 시장에서 빛을 발하고 있다는 사

빠시가 일하는 책상 주변은 옛 잡지와 책, 카탈로그, 각종 고증 자료로 가득하다.

실은 기쁘지 그지없지만, 이렇게 가격이 오르면 대다수의 일반인들의 구매력을 초월하는 숫자가 매겨지고 부를 가진 누군가에게는 새로운 투자의 대상이 된다는 뜻이 됩니다. 좋은 물건은 세상을 돌고 돌며 여러 사람을 만나야 하는데 투자의 목적으로 구입된 물건들이 한 번 구매가 되면 좀처럼 세상 밖으로 다시 나오지를 않습니다. 또한 국제시장에서 통용되는 가격을 국내시장에서 무시하기가 어렵습니다. 우리와 같은 소규모 상점에서도 이에 준하는 가격을 내걸 수 있다는 말인데, 이는 보통 일반 구매자들의 상상을 초월하는 가격이지요. 즉, 구매력이 있는 특정한 사람들만이 이 물건을 누리게 되는 현상이 나타나 이것이 과연 올바른가 묻는 고민에 빠지게 돼요. 같은 물건이 뉴욕이나 파리나 도쿄에서 가격이 더 높게 책정되는 데에는 이유가 있어요. 하지만 이곳은 헬싱키예요. 물론 국제 경매시장 가격에 준하는 숫자를 적어 판매할 수 있지만, 그건 이 나라에 흐르는 정서와 맞지 않아요. 적어도 내게는 그래요."

빠시는 단순히 멋있어 보이는 가구를 진열하고 팔리기를 기다리는 것이 아니라 역사적 가치가 있는 물건을 찾고 그 가치가 잊히지 않도록 끊임없이 움직인다. 한때 내가 살던, 우리가 손을 잡고 걷던 그 동네에 가면 어김없이 고집스럽고 비판적이고 열정적인 빠시가 흥미로운 이야기를 잔뜩 모아놓고 가게를 지키고 있을 거라는 생각이 들며 그와의 만남이 기대된다. 그가 오래도록 같은 자리에서 언제나 과거와 현재의 든든한 연결 고리가 되어주기를 바란다.

사라 "잘 만든 중고 물건에 가치를 부여할 새 주인을 찾습니다."

국민 브랜드 회사와 중고 가게의 협업 행사

마리메꼬는 현재 우리에게 간결하면서 과감한 패턴을 내세운 인테리어 소품 회사로 친숙하지만 1951년에 처음 여성복 회사로 출발했다. 당시 유럽의 정형화된 여성성을 표현하는 전근대적인 실루엣과 패턴에서 탈피하여 여성의 활동성을 강조한 옷을 대중에 소개하며 마리메꼬는 그 이름을 세계에 알리기 시작했다. 허리선을 드러내지 않는 A라인 원피스와 성별을 구분하지 않는 요까뽀이까Jokapoika 셔츠◆와 따사라이따Tasalaita 패턴◆◆의 옷은 당시 파장을 불러일으킬 만큼 과감하고 진보적이었다. 또한 당시 여성복에 보편적으로 쓰이던 잔잔한 꽃무늬 패턴을 마리메꼬는 멀리서도 눈에 뜨일 만큼 큼지막한 크기로 키우고 충격적일 만큼 과감한 대비의 보색으로 칠한 우니꼬 패턴을 만들어 자신만의 견고한 세계를 창조해갔다. 이 패턴들은 시각적 강렬함과 사회적 상징성을 필두로 50여 년이 넘는 시간을 이겨내며 회사의 아이콘으로 자리 잡았다.

특유의 솔직하고 담백한 감성을 담아낸 마리메꼬는 모더니즘의 물살을 타고 국경을 넘어선 관심과 지지를 받았는데, 이는 힘든 시간을 버티고 떳떳하게 일어서고 싶었던 핀란드인들의 염원에의 화답이었다. 이러한 사회적 분위기 속에서 마리메꼬는 국민 브랜드로 추앙받기에 결코 부족함이 없었다.

2016년 어느 여름날, 마리메꼬에서 날아온 회원 뉴스레터에서 예기치 못한 반가운 이름을 발견했다. 마리메꼬와 중고 의류 가게 베스티스Vestis가 함께 협력하여 중고 마리메꼬 제품 판매 행사를 기획한다는 내용이 담겨 있었다. 여전히 활발히 새 제품을 시장에 소개하고 있는 마리메꼬가 지난날의 제품을 되파는 중고 판매 행사를 한다니 매우 자신감 넘치는 행보가 아닐 수 없었다. 무엇보다도 마리메꼬의 이런 자신감을 뒷받침해줄 만큼의 추진력과 기획력을 가진 베스티스 역시 대단하게 느껴졌다.

◆　마리메꼬의 디자이너 부오꼬 누르메스니에미(Vuokko Nurmesniemi)가 만든 '요까뽀이까 셔츠'는 1956년에 제작되었다. 선명한 붓질로 만든 듯한 단순한 줄무늬 패턴은 다양한 색상으로 제작되었고 남녀 구분 없이 많은 사랑을 받았다. 몇 해 전 60주년을 맞이한 이 셔츠는 지금도 여전히 생산 중이다.

◆◆　'따사라이따 패턴'은 1968년 디자이너 안니까 리말라(Annika Rimala)의 작업물로 1968년 의류로 제작되었다. 지금 보면 단순한 줄무늬 그 이상 그 이하도 아니지만, 50년 전 평등의 메세지를 내세워 성별과 나이를 막론하고 누구나 오랫동안 입을 수 있는 옷으로 제작되어 파장과 함께 커다란 인기를 얻었다. 실제 남녀 구분 없이 제작되며 여전히 다양한 색상으로 제작되고 있다.

중고 가게 베스티스는 익히 알고 있었다. 몇 해 전 핀란드 중고 문화에 서서히 관심을 갖기 시작하는 나에게 갓 대학을 졸업한 젊은이들이 함께 중고 사업을 시작했다는 소식을 남편이 전해주었다. 당시 온라인 쇼핑몰을 통해서 그들이 품질이 좋은 중고 의류를 판매한다는 것 정도만 파악할 수 있었는데, 어느새 탄탄해져 마리메꼬와 함께 행사를 기획한다고 하니 놀라울 따름이었다.

베스티스와 마리메꼬의 첫 번째 중고 제품 판매 행사는 2016년 9월 10일 헬싱키 시내의 번화한 쇼핑 거리, 알렉산떼린까뚜 Aleksanterinkatu에 자리한 마리메꼬 본점에서 이틀 동안 열렸다. 쇼윈도에는 시간을 초월한 옛 옷을 걸치고 있는 마네킹이 지나는 사람들의 눈길을 사로잡고 있었고, 판매 행사가 마련된 2층에는 각한 벌씩뿐인 옷들이 옷걸이에 켜켜이 걸려 있어 마치 의복 박물관을 연상시켰다. 비록 옷의 형태도 색상도 시대에 따라 조금씩 다르지만 50여 년의 시간 동안 천천히 쌓여온 음들이 하나의 조화로운 화음을 낼 수 있음이 놀랍게 느껴지는 순간이었다. 그리 크지 않은 공간은 세대와 국경을 초월한 다양한 사람들로 붐볐고, 이들은 좀처럼 만나기 어려운 제품들을 감상하고 고르는 데에 여념이 없었다. 중고 제품의 가장 큰 매력 중 하나가 단연코 동일한 재고품이 없다는 점인데, 이 때문인지 그 공간에는 묘한 긴장감마저 흘렀다. 비장한 표정과 재빠른 몸짓으로 가게 구석구석을 누비며 바구니에 한가득 옷을 담아넣는 사람들을 맞닥뜨리면 그 기에 눌려 슬쩍 자리를 피해주기도 했다. 이 행사는 마리메꼬 의류에 관한 별다른 지식이 없는 나에게도 묘한 재미와 감동을 주기에 손색이 없었다. 옷걸이에 빈자리가 늘어나면 그 자리는 다시 새로운

요까뽀이까 셔츠는 여전히 다양한 색상으로 제작, 판매 중이다.

알렉산떼린까뚜에 위치한 마리메꼬 직영점. 이곳에서 마리메꼬와 베스티스의 첫 번째 협업 행사가 열렸다.

헌 옷들로 채워졌다. 과연 어떤 물건이 진열될지는 예측 불가능하기 때문에 이번 행사는 방문객들에게 기대감 역시 선사했다.

2016년도의 성공적인 첫 행사 이후 2017, 2018년도에는 북유럽에서 가장 큰 디자인 행사인 '헬싱키 디자인 위크Helsinki Design Week'의 공식 이벤트로 일주일 동안 만네르헤이민띠에Mannerheimintie에 위치한 마리메꼬 직영점에서 대중을 만났다. 한 번의 단발성 행사로 끝날 줄 알았던 중고 의류 판매 협업 이벤트는 대중의 환대를 받으며 그 지속력을 확인했고, 국내뿐 아니라 국외에서도 커다란 관심을 보이고 있다.

대형 쇼핑몰에 입점한 중고 가게

세 번의 행사도 성공적으로 마무리된 듯 보였고 나는 호기심이 사그라들기 전에 행사를 진행한 사람들을 만나보기 위해 베스티스의 가게를 찾아 헬싱키 옆 도시, 에스뽀로 향했다. 에스뽀에는 이소 오메나Iso omena라는 이름의 대형 쇼핑몰이 있고, 각종 유명 브랜드들 속 자리한 유일한 중고 가게 베스티스를 찾을 수 있었다. 그곳에서 창업자 중 한 사람인 사라Sara를 만나 이번 중고 판매 행사와 사업에 관한 자세한 이야기를 들을 수 있었다.

"베스티스는 우연치 않게 시작되었어요. 내 옷장에 수년째 걸려는 있는데 왠지 손이 가지 않는 옷이 있었어요. 품질도 좋고 멋있는 옷이어서 비싼 가격임에도 불구하고 큰맘 먹고 구매했는데 막상 사고 나니까 입지 않게 되더라고요. 덜컥 남을 주자니 아까운 생각도 들고, 그렇다고 입자니 어울리지 않는 것 같고, 내가 애

대형 쇼핑몰에 입점한 중고 가게 베스티스의 모습

초에 이걸 왜 샀을까 하는 생각이 드는 옷이었어요. 그 옷을 우연한 계기로 타인에게 판매하게 되었는데, 그 이야기를 하니까 주변에서 같은 고민을 한다는 친구들이 속속 등장하더라고요. 비슷한 상황에 처한 사람들이 실로 주변에 많다는 사실을 깨닫고 두 명의 친구들과 함께 이를 사업으로 발전시켜보기로 했어요. 그래서 탄생한 게 베스티스입니다."

베스티스가 가게나 온라인 숍에서 판매하는 모든 물건은 판매 대행을 의뢰한 고객의 물건이고, 물건이 성공적으로 판매되면 전체 수익금을 의뢰인과 베스티스가 반으로 나눈다. 덕분에 이들은 창고에 물건을 쌓아놓을 필요가 없다.

"처음 이 사업을 시작한 취지는 '잘 만들어진 중고 물건에 가치를 부여해줄 수 있는 새 주인을 찾아주자'였어요. 옷장 안에만 쌓아두지 말고 원래 주인이 잘 보관해왔던 것만큼 사랑과 관심으로 그 물건을 쓸 수 있는 누군가에게 넘겨주자는 거예요. 그러기 위해서는 무엇보다도 물건의 품질이 좋아야 해요. 오래 쓸 수 있고 시간이 지나도 그 의미와 가치가 쉽게 퇴색되지 않을 만큼이요. 그래야 구매자도 물건을 소중히 다루어줄 테니까요. 베스티스의 역할은 좋은 물건을 찾아 판매자와 구매자를 연결시키는 고리를 만드는 거예요."

번쩍번쩍한 브랜드들과 새 물건을 찾으러 온 사람들이 가득한 대형 쇼핑몰에 입점한 유일한 중고 가게라는 점에서 베스티스의 행보는 감히 과감하고 인상적이라 할 수 있다. 중고 문화를 즐기는 핀란드 사람들의 태도로 미루어 보아 이들에게는 어느 정도 예측 가능한 사건이 아닐까 생각했다. 하지만 신기하다는 눈빛을

베스티스의 사라 / © Vestis, 사진 © Marta Jaakkola

위 I 서로 다른 시대에 제작된 옷들이 조화로운 화음을 만든다.
아래 I 진열품마다 걸린 재사용 마크가 대형 쇼핑몰에서 지니는 의미는 더욱 크다.

가득 담아 가게로 들어서는 사람들이 적지 않은 것으로 보아 베스티스의 존재가 쇼핑몰을 찾는 핀란드 사람들에게도 신선한 변화라는 것은 분명해 보였다. 밝고 젊은 분위기의 실내는 마리메꼬의 제품이 반, 여러 다른 브랜드의 제품이 반을 차지하고 있다. 선반에 진열된 액세서리와 가지런히 옷걸이에 걸려 있는 옷들도 저마다 목 언저리에 '재사용 마크'를 달고 있다. 이곳 대형 쇼핑몰에서 마주한 재사용 마크가 지닌 무게감이 더 크게 느껴졌다.

"우리가 국내 대형 쇼핑몰에 입점한 유일한 중고 의류 가게라는 이야기를 듣고 뿌듯했어요. 앞으로도 오랫동안 이 장소에 있고 싶어요. 이곳이 마음에 들거든요."

사라는 웃으며 말했다.

영리한 협업이 만드는 기쁨

마리메꼬와의 협업의 시작을 묻는 나의 질문에 사라는 대답했다.

"몇 해 전이었어요. 한 매체와의 인터뷰에서 베스티스가 오래된 마리메꼬 의류를 상당량 취급해왔는데, 마리메꼬와의 재미있는 협업을 기획해볼 수 있는 가능성이 엿보인다고 언급했어요. 그런데 바로 그 다음날, 마리메꼬 직원으로부터 연락이 왔어요. 한 번 재미있는 기획안을 함께 짜보자고요. 그렇게 빨리 일이 진행될 줄 아무도 예상하지 못해서 우리 모두 깜짝 놀랐어요."

그날 이후로 베스티스와 마리메꼬는 함께 중고 제품 판매 프로젝트 구상에 돌입했다고 사라는 설명했다. 이들은 중고 제품을 향한 사람들의 반응을 미리 알아보고자 먼저 마리메꼬 사내에서 직원들을 대상으로 첫 모의 행사를 진행해보았다. 옷장에서 잠자고 있는 마리메꼬 아이템을 가져와 다른 직원들에게 판매할 수 있는 사내 행사를 마련했고 이는 성공적으로 진행되었다. 다음에는 규모를 조금 더 키워 마리메꼬 회원 고객들을 대상으로 실제 매장에서 같은 내용의 행사를 진행해보았다. 참여율이 저조할 것이라는 우려와는 달리 실로 많은 사람들이 다양한 시대의 아이템을 기꺼이 들고 와 행사를 통해 판매했으며 구매하러 온 사람들의 반응은 기대 이상으로 뜨거웠다. 오랜 기간 다양한 마리메꼬 옷을 보아온 사라조차도 쉽게 구경할 수 없었던 옷들이 놀랄 만큼 좋은 상태로 보관되어 관계자들의 감탄을 사기도 했다. 옷장의 90퍼센트를 마리메꼬 옷으로만 평생을 채워온 할머니 한 분도 행사에 판매자로 참여해 사람들의 이목이 집중되기도 했다. 그날 행사에서는 소위 말하는 빈티지 의류뿐 아니라 한두 해 전에 소개된 제품을 구하고자 하는 사람들도 적지 않아 브랜드를 향한 사람들의 지속적 관심과 신뢰를 확인할 수 있었다고 사라는 말했다.

두 번의 시범 행사를 통해 얻은 정보와 자신감으로 세 번째이자 첫 공식 행사를 헬싱키 도심에서 가장 번화한 쇼핑 거리인 알렉산떼린까뚜에 위치한 마리메꼬 직영점에서 열었다. 베스티스는 마리메꼬라는 브랜드와 이를 향한 고객의 신뢰를 철저히 활용하여 효과를 극대화할 수 있는 기획을 짰다. 의류를 베스티스가 직접 수집한 옷을 판매하는 것이 아니라 오로지 고객의 참여로만 매대를 채울 계획으로 말이다.

"우리 가게를 운영하는 것과 같은 방식으로 베스티스는 고객들의 제품에 새로운 주인을 찾아주는 역할을 했어요. 약 200여 벌

2018년도 '헬싱키 디자인 위크' 기간에 열린 마리메꼬와 베스티스의 협업 판매 행사는 입소문을 타고 약 1천여 점의 물건이 판매되었다. 단 한 벌뿐인 헌옷들이 판매된 자리에는 다시 새로운 헌옷들이 채워졌다.

협업 판매 행사에서 판매된 가장 연식이 오래된 제품은 1950년도 제작된 원피스다. / © Vestis, 사진 Jonne Heinonen

의 옷, 가방, 스카프 등 의류 및 액세서리가 모였고 이틀 동안 상당량이 팔렸어요. 이날 선보인 제품 중 가장 오래된 옷은 1950년도에 제작된 원피스였는데 관계자들도 감탄을 했죠. 정말 흔치 않은 기회였어요."

마리메꼬와 베스티스의 협력은 그 뒤로도 계속 이어졌다. 행사의 결과에 매우 흡족해한 마리메꼬는 앞으로도 계속된 협업을 약속해왔고 그 뒤로 1년에 한 번씩, 2017년과 2018년 헬싱키 디자인 위크 기간에 일주일 동안 마리메꼬 직영점에서 열렸다. 2018년도에는 총 1천여 개의 아이템이 판매되었다고 한다. 사람들의 뜨거운 관심과 호응에 1년에 두 차례 뚜르꾸, 땀뻬레Tampere, 라흐띠 등지의 지방 거점 도시들을 방문해 소규모 행사를 진행하고 있다.

"협업 행사를 준비하고 판매하는 일련이 과정이 참 재미있어요. 판매자랑 구매자를 동시에 만날 수 있잖아요. 판매자는 행사에 자신이 잘 보관해온 옷을 내놓고 나보다 더 잘 사용해줄 새 주인을 찾으면 큰 만족감을 느낀다고 해요. 처음에 자기가 그 물건을 샀을 때 느꼈던 그 설렘을 누군가가 고스란히 느꼈다는 생각 때문일 거예요. 행사장은 물건을 고르는 사람들의 관심과 열정으로 가득해요. 우리가 열심히 기획하고 마련한 행사를 즐겁게 즐기는 손님들을 마주하면 우리도 즐거워져요. 구매자들 중에는 평생 살면서 중고 의류는 처음으로 구매해본다는 사람들도 적지 않았어요. 중고 의류를 사는 것을 단 한 번도 생각해본 적 없는데 시야를 넓혀주는 뜻 깊은 경험이라고 하면서요. 그럴 때면 우리가 하고자 하는 말이 잘 전달된 것 같아 기뻐요."

핀란드 디자인 제품의 힘

핀란드의 중고 가게들을 살피다 보면 가게의 종류에 관계없이 핀란드 디자인 제품이 쉽게 눈에 띈다. 아라비아 도자기 제품은 흔하디흔하고 이딸라 유리 제품 역시 어디에나 있다. 마리메꼬, 핀레이손Finlayson, 펜틱Pentik, 하끄만Hackmann 등의 제품을 찾는 것도 결코 어렵지 않다. 핀란드인 그 누구의 집을 방문해도, 카페나 식당을 가도, 길을 걸어도, 보고 싶지 않아도 반드시 보이는 이 제품들은 그 누군가에게는 대단히 지겹고 지루할 수 있으나 동시에 생각할 거리를 던져주는 대목이기도 하다. 핀란드에서 중고 문화가 발달할 수 있었던 이유 중 하나를 여기서 찾을 수 있진 않을까?

너무나 핀란드스러워서 조금은 지겨운 이 제품들은 중산층을 타깃으로 만들어진 실용적인 생활용품들로 핀란드 제품 디자인이 세계로 알려지는 데에 큰 역할을 해왔다. 제품 제작 시 간결한 형태와 실용성, 내구성에 무게를 두어 시간이 지나도 유행에 구애를 덜 받는다는 점 때문에 여러 세대, 많은 사람들의 손을 거친 후에도 여전히 누군가가 쉽게 쓰임새를 찾을 수 있는 건 아닐까?

중고 가게에서 우리가 마주하는 물건들은 결코 누군가가 내다버린 물건이 아니다. 타인이 나만큼 혹은 나보다 훨씬 더 잘 써주었으면 하는 바람으로 수고스럽게 가게까지 가져온 물건임을 기억해야 한다. 물론 물건이 사용자의 부주의로 망가지거나 의식 부족으로 쓰레기통으로 직행하는 사례가 훨씬 많은 것이 현실이지만, 적어도 가게에 있는 물건들은 저마다의 가치를 인정받아 짧게는 수개월, 길게는 수십 년을 살아남은 물건들이다. 그중에는 이미 여러 명의 손을 거친 물건도 있을 것이다. 그렇다면 내가 구매한 물건들도 시간이 지난 후에도 여전히 가치가 있을까? 그 시간을 견딜 만큼 견고하게 만들어진 물건일까? 운이 좋게 긴 시간을 견디고 중고 가게에 안착해 새 주인을 만날 수 있을까? 중고로 거래되는 물건들이 모두 다 잘 만들어진 질 좋은 물건이라는 뜻은 아니지만, 이러한 생각들은 새 물건을 구매하는 행동에 책임감을 지워준다.

베스티스는 더욱 성장하기 위해 노력 중이다. 현재는 헬싱키에서만 정기적인 행사를 하고 있지만, 앞으로는 지방의 도시에서도 헬싱키에서와 같은 내용의 행사를 진행할 수 있기를 바라고 있다. 핀란드 디자인에 흥미를 보이는 일본과 중국 등지에서도 베스티스의 행보에 관심을 보이고 있고 얼마든지 이들과 재미있는 협업을 진행할 가능성을 열어두고 있다고 사라는 말한다.

골동품을 포함한 중고 제품은 나이 든 세대뿐 아니라 젊은 세대에게도 영감을 주며 끊임없이 물건의 가치를 고민하고 재발견할 수 있는 기회를 준다. 마리메꼬와 베스티스의 협업은 과거에 옷을 성실히 제작한 사람들, 그 옷을 소중히 보관하고 관리해온 사람들 그리고 여전히 이에 가치를 부여하고 기꺼이 구매하는 사람들이 함께 존재하기에 가능하다.

요한네스, 유하나 "철거 현장에서 가치 있는 물건들을 구조합니다."

철거 현장의 탐험대 '웨이스트'

어느 날 우연히 페이스북에서 웨이스트Waste라는 회사를 발견하고
는 반가움에 흥분을 감추기 어려웠다. 이전에 인터뷰를 했었던 중
고 가구점 크루나의 빠시가 핀란드 전역의 옛 건물들이 제대로 된
고증이나 감정의 과정 없이 철거되고 있고, 그 과정에서 건축 자재
나 실내 소품은 쓰레기로 분류되거나 도난을 당하는 현실에 개탄
하며 국가적 차원에서 관리가 필요하다며 열변을 토했던 것이 단
번에 기억났다. 웨이스트는 빠시가 그토록 필요성을 강조하던 철
거 현장 검증을 통해 가치 있는 물건을 수거해 판매하는 제품, 인
테리어 디자인 회사였던 것이다. 이 회사에 대해 자세히 알고 싶어

웨이스트의 쇼룸 겸 작업실은 판매하는 물건과 구제되어온 물건, 수리를 기다린 물건들이 한데 뒤섞여 독특한 분위기를 자아낸다.

졌다. 다행히도 집에서 그리 멀지 않은 곳에 쇼룸과 사무실이 있다는 사실을 발견하고, 어느 오후 자전거를 타고 무작정 찾아갔다. 그곳에서 한창 작업 중인 요한네스Johannes를 만날 수 있었고 정식으로 인터뷰 약속을 잡을 수 있었다.

인터뷰를 위해 웨이스트를 다시 찾은 날, 조금 더 마음의 여유를 가지니 공간이 눈에 찬찬히 들어왔다. 쇼룸에는 현장에서 구조된 물건들이 멋들어지게 전시되어 있었고, 한켠에 마련된 작업실에는 수리의 손길을 기다리고 있는 동일한 모양의 커다란 철제 펜던트 조명 수십 개가 쌓여 있어 장관을 이루고 있었다. 그곳에서 회사를 이끌고 있는 형제, 형 요한네스와 동생 유하나Juhana를 만날 수 있었다. 한창 업무로 바빴던 이들은 점심시간을 쪼개어 인터뷰를 수락해주었고 우리는 쇼룸 옆 사무 공간에 마련된 식탁 앞에 둘러앉아 이야기를 시작했다.

웨이스트는 북유럽에서 가장 큰 규모의 철거 회사인 딜리트Delete가 소유한 회사로 철거 현장에서 발견하는 가구나 조명, 건축 자재 중 역사적 가치나 심미적 가치, 상품으로서의 가치가 있는 물건들을 수거하여 수리, 조합 등의 과정을 통해 제품으로 재탄생시켜 판매하거나 이 제품들을 이용한 인테리어 시공을 하는 회사다. 현재 제품 디자인을 공부한 형 요한네스와 그래픽 디자인을 공부한 동생 유하나가 공통의 관심사를 가지고 웨이스트를 함께 꾸려가고 있다.

"저는 과거에 오랫동안 제품 디자이너로 일했어요. 그런데 어느 순간부터 끊임없이 생산되는 물건과 제대로 쓰이지 않고 버려지는 물건 사이에서 심한 갈등을 겪기 시작했죠. 그 거대한 시스템 속에서 계속 물건을 만드는 역할을 맡다 보니 마음 한켠에는 죄책감도 생겼어요."

요한네스는 이미 우리가 갖고 있는 물건들의 가치를 재발견하고 최대한 활용하려는 의식이 필요하다는 생각을 오랜 시간에 걸쳐 키웠고, 이를 바탕으로 약 4년 전 요우또 디자인Jouto Design이라는 회사를 혼자 설립했다. 이 회사에서 요한네스는 철거 현장을 살피고 물건을 수거해 수리한 뒤 판매하는 사업 모델을 처음으로 시도했다. 몸으로 직접 부딪히며 생태를 파악한 요한네스는 사업을 안정적으로 유지하기 위해서는 철거 예정지에 대한 정보와 물건의 지속적이고 체계적인 수급과 인력이 필요하다는 결론에 도달했고, 이를 위해 철거 회사 딜리트 측에 요우또 디자인의 사업 모델을 정식으로 제안하기에 이르렀다. 딜리트 측은 이를 수락했고 같은 고민을 하고 있던 동생 유하나가 가담하면서 웨이스트가 현재의 모습을 갖추게 되었다고 한다.

버려진 제철소에서 보물 찾기

두 형제의 작업 과정은 다음과 같다. 우선 형제는 철거 계획이 잡힌 건물이나 부지의 목록을 딜리트로부터 정기적으로 지급받는다. 이 목록을 꼼꼼히 검토하며 정해진 기간 안에 방문 가능한 장소와 역사적 가치가 있는 장소를 우선에 두고 답사 계획을 짠다. 계획이 서면 해당 철거 현장의 책임자에게 이를 알리고 일정을 함께 조율해 약속한 날짜에 현장을 방문한다. 현장을 살피며 웨이스트의 색깔에 부합하는 물건을 수거해 작업실로 가지고 와 수리를

쇼룸을 가득 채운 물건들은 핀란드 각지의 철거 현장에서 수거해왔다.

형 요한네스(좌)와 동생 유하나(우) / 사진 ⓒ Hannu Kurvinen

하거나 다른 물건과 조합하여 상품 가치가 있는 가구나 소품으로 제작한 후 쇼룸에 전시함과 동시에 사진을 찍고 온라인 스토어에도 개시한다.

시간에 한계가 있으므로 목록이 적힌 모든 철거 예정지를 모두 다 가볼 수는 없고, 이중에 몇 군데만 골라야 하는데 이것이 생각만큼 쉽지 않다고 형제는 이야기한다. 학교, 교회, 아이스링크 등 정말 다양한 용도로 쓰인 철거 예정 건물이 핀란드 전역에 흩어져 있는데, 이동에 많은 시간을 빼앗길 수 없기 때문에 거리가 먼 현장은 제아무리 가보고 싶어도 포기할 수밖에 없는 안타까운 경우도 많다.

"현재로써는 최소한의 인력으로 회사를 운영하고 있기 때문에 헬싱키에서 멀지 않은 장소 위주로 선택하게 됩니다. 그렇기 때문에 가보고 싶어도 그럴 수 없는 장소들이 많은 것이 안타깝지만, 이 많은 일을 우리 두 형제가 맡아 하다 보니 가장 아까운 것이 시간이지요."

대개는 하루 안에 현장 조사와 수거를 모두 마치려고 노력하지만 그럴 수 없을 때도 있다. 한번은 포기할 수 없는 현장들을 모두 돌다가 현장 방문에만 꼬박 일주일을 쓴 적도 있다고 한다. 지금까지 형제가 방문해온 철거 현장들 대부분이 가까운 위치에 있는 헬싱키 인근 도시들에 위치해 있었는데, 멀게는 동쪽 러시아 국경 지역과 북서쪽의 스웨덴과의 국경 지역 현장까지 간 적이 있다고 한다.

가장 기억에 남는 철거 장소가 어디였는지 물었더니 형제는 2017년 말에 찾았던 핀란드 남서쪽 도시 한꼬Hanko에 위치한 꼬베

꼬베르하르 제철소의 모습 / 사진 ⓒ Petri Uomala

르하르Koverhar 제철소를 꼽았다. 이 제철소는 1960년도에 완공되어 활발히 가동되었으나 소유 회사가 부도가 나며 2012년을 마지막으로 용광로의 불이 꺼졌다. 그 뒤로 공장을 운영하겠다는 회사가 나타나지 않았고 딜리트는 철거 작업에 착수했다.♦ 이미 수년 전 모든 기계가 가동을 멈추고 사람의 발길도 끊긴 지 오래된 이 거대한 제철소를 방문한 형제는 하나의 도시를 방불케 하는 규모의 공장 부지에 놀라지 않을 수 없었다고 한다. 인적이라곤 남아 있지 않은 제철소에는 항구와 크레인, 공장 설비, 기차역 등이 그대로 남아 있어 과거 산업의 번영기에 심장처럼 태동했을 모습을 짐작하게 할 뿐이었다. 마침 지붕에 뚫린 커다란 구멍을 통해 실내로 비가 들어오고 있었고 바닥에 뚫린 10미터 깊이의 용도를 모를 커다란 구멍은 그 적막감과 음산함을 배로 키웠다고 형제는 기억했다.

또한 핀란드 서쪽 해안가 도시 난딸리Naantali 근처에서 커다란 선박을 해체하는 현장도 기억에 남는 장소로 꼽았다. 선박에는 대개 총무게에 영향을 주지 않도록 가벼우면서도 튼튼한 가구와 녹이 쉽게 슬지 않는 마감재 등이 요구되기 때문에 일반적인 건물에서는 보기 어려운 특별한 물건들을 발견할 가능성이 높다고 한다. 견고하면서 단순미를 지닌 재료를 찾는 형제에게는 아주 매력적인 장소였다고 한다.

"사기업이 소유했던 건물보다는 시나 국가가 소유했던 건물

♦   Delete, 'Demolition of Koverhar steel factory', accessed 15 Dec 2018.
      웹사이트 https://www.delete.fi/en/references/demolition-of-koverhar-steel-factory 참조.

의 경우 가치 있는 물건을 발견할 가능성이 높아요. 구비된 물건들이 사유 재산이기 때문에 건물을 비우면서 물건을 전부 챙겨가는 회사들과는 달리, 그 누구의 소유도 아닌 공공 기관의 물건들은 그대로 남아 있는 경우가 적지 않거든요. 그렇게 남아 있는 물건들을 보면 묘하게 기분이 가라앉기도 하면서 멋진 발견을 할 생각에 들뜨기도 해요."

모르면 몰라본다

그렇다면 형제가 현장을 방문했을 때 오로지 감각으로만 물건을 찾을까? 사실 이렇게 다양한 시대의 다양한 건물들을 두루 방문하는 두 형제에게는 재료에 대한 이해와 이를 위한 끊임없는 탐구의 자세가 요구된다. 건물이 지어지고 사용되었던 시대에 대한 이해와 그 건물에 쓰인 재료, 해당 시대의 보편적인 실내장식, 마감 재료에 대한 이해는 물론이고 시대별로 어떠한 산업이 발달했고 어느 시대에 어떠한 재료가 무슨 용도로 많이 쓰였는지와 같은 시대상과 산업에 관한 지식이 있어야 한다. 어떤 재료가 어떤 물성을 지녔는지, 또 앞으로 시간이 흐르며 가치가 떨어질 재료인지, 혹은 더해질 재료인지 등에 관한 지식을 갖고 있어야 현장에 갔을 때 물건을 알아볼 수 있고, 수리하는 과정에서도 시행착오를 줄일 수 있다고 한다. 이 점의 중요성은 사업을 키워갈수록 더욱 대두될 것이다.

"회사의 정체성을 확립하는 것도 또 하나의 과제입니다. 우리가 하는 일이 수거와 판매라고 단순하게 생각할 수 있지만 지속성을 갖춘 사업체로 성장시키고 대중에게 디자인 회사로 뚜렷이 인식되려면 웨이스트만의 색깔을 공고히 다져야 해요. 현장에서 수거하는 재료나 가구는 대부분 적게나마 수리가 필요하고 이 과정에서 인건비와 시간이 소요되기 때문에 이를 최소화하고자 대개는 안전한 선택, 즉 손이 많이 가지 않는 온전한 상태의 물건을 고르곤 해요. 그러나 디자인 회사로서 웨이스트만의 색깔을 만들기 위해서는 때로는 과감한 선택과 시도가 필요하다고 생각해요. 풍부한 현장 경험과 재료에 대한 깊은 이해를 통해 과감한 선택과 조합으로 웨이스트만의 차별화된 세계를 만드는 것이 우리의 목표입니다."

가격표에 시골 폐교에서 온 책상, 가동을 멈춘 공장에서 온 조명, 옛 항구에서 찾은 벤치 등 해당 제품을 발견한 장소의 정보가 함께 기입되어 있는 것을 확인했다. 형제는 제품을 볼 때 그 물건을 발견한 장소의 모습과 그날의 날씨, 냄새, 분위기 등을 종합적으로 떠올린다며 자신들의 경험과 이야기를 공유함으로써 구매자들이 물건에 애착을 더 느끼고 나아가 재사용 문화에 지속적인 관심을 가질 수 있는 기회를 선사하고자 한다고 설명했다. 정리 정돈 전문가로 잘 알려진 마리에 콘도Marie Kondo는 그녀의 쇼 프로그램◆에서 정리 정돈에 고충을 토로하는 사람들에게 물건 하나하나를 가리키며 항상 같은 질문을 던진다. '이것이 기쁨을 유발하나요?(Does it spark joy?)' 기쁨과 애착을 느낀다면 그 물건은 두고 그렇지 않다면 과감히 버리라고 제안한다. 애착은 물건을 소중히

◆　　<곤도 마리에, 설레지 않으면 버려라(Tidying up with Marie Kondo)>라는 쇼 프로그램은 넷플릭스(netflix)에서 볼 수 있다.

구제한 물건들을 손보는 작업실

각기 다른 장소에서 온 물건들은 웨이스트의 지붕 아래에서 조화를 이룬다.

다루고 오래도록 쓰게 만드는 힘이 있음에 분명하다. 형제는 사람들이 이 애착을 느낄 수 있도록 돕고 싶은 것이다.

값어치 있는 과거의 물건을 파는 골동품 가게는 이미 많다. 그러나 철거 현장과 직접 닿아 있는 사업은 핀란드에서 웨이스트가 처음이기 때문에 형제는 스스로가 이 분야에 개척자라는 자부심을 느낀다고 한다. 물론 개척해야 하기 때문에 고충도 따르지만, 동시에 주변의 긍정적인 반응을 봤을 때 옳은 길로 가고 있다는 확신이 든다고 한다. 작년에는 디자인 박람회에 참여해 대중과 만나며 웨이스트가 하고 있는 일, 하고자 하는 일을 알리며 디자인 회사로서의 입지를 다지는 데에도 심혈을 기울이고 있다. 회사를 조금 더 탄탄히 만드는 데에는 시간이 소요될 테지만 형제는 5년 뒤, 10년 뒤에 같은 일을 하는 다른 사업체들이 많이 생겨났으면 하는 바람을 갖고 있다. 그럼으로써 더 많은 사람들이 물건을 대함에 있어서 조금 더 신중해지고, 다음 세대가 좀 더 나은 세상에서 살게 되기를 바란다고 한다.

6장.
핀란드 사람들의 성격을 닮았다

환경이 빚어내는 문화

(추운)봄-(따뜻한)봄-가을-겨울

핀란드의 사계절은 꽤나 뚜렷하다. 북반구에 위치해 여름에는 해가 지지 않고 겨울에는 반대로 해를 보기 어렵기 때문에 계절의 차이는 더욱 극명하게 느껴진다. 핀란드의 겨울이 주는 어둠은 지독하다. 낮 길이는 하지에 그 정점을 찍고 하루에 약 6분씩 줄어들어 동지가 있는 12월에는 일조량이 5, 6시간밖에 되지 않는다. 그마저도 하늘에 구름이 끼어 있어 해 구경을 못하는 날도 수두룩하다. 이것이 헬싱키, 핀란드의 남단에 위치한 도시의 겨울 일조량이고 북쪽으로 가면 겨울에 해가 뜨지 않는다고 봐도 무방하다. 핀란드 사람들이 연거푸 들이키는 시고 독한 커피는 이 땅에서 나고 자란

청량한 핀란드의 여름은 겨울의 무자비함을 잊게 만든다.

이들에게마저도 어둠은 가혹하다는 것을 증명한다. 늦은 일출 시간 때문에 아침인지 아직 한밤중인지 시계를 보지 않고서는 도저히 분간할 수가 없다. 일어나자마자 독한 커피와 홍차로 쏟아지는 잠을 억지로 썻어내고, 햇빛과 조도를 흡사하게 만들어 잠을 깨는 데에 효과가 있다는 인공 태양 조명을 사서 켜놓기도 했다. 하지만 1, 2월이 오면 조금씩 높아지는 해의 고도와 땅 위의 온갖 지형지물을 뒤덮는 새하얀 눈이 어둠을 밝히는 조명이 되어준다.

핀란드 사람들과 내가 정의하는 '봄'에는 많은 차이가 있다. 이들은 해가 제법 길어지고 눈이 녹기 시작하면 봄이 왔다고 하며 가벼운 옷을 입고 길거리를 누비지만, 나는 이 나라에서 몇 해를 살아도 4월에 내복 벗기를 망설인다. 한국에서 들려오는 얄미운 벚꽃 놀이 소식은 이미 한참 전에 지나갔는데, 4월의 끝자락임에도 불구하고 건물 그림자에 갇혀 구석에 고집스레 웅크리고 있는 눈 무더기를 발견할 때면 기가 막혀 코웃음이 절로 나온다. 그러나 일조량은 해가 가장 긴 하지를 향해 매일 조금씩 늘어나 어느새 거실 구석까지 환해져 있음을 깨달았을 때는 이미 나조차도 부정할 수 없는 봄이다.

핀란드의 여름은 그 길고 어두운 터널 같은 겨울을 까맣게 잊게 만들 정도로 완벽하다. 여름이 오면 사람들은 해바라기마냥 해를 쫓아다니며 조금이라도 햇볕을 더 쬐려고 안간힘을 쓴다. 날씨가 맑으면 공원이나 발코니에 훌러덩 벗고 누워 일광욕을 하고, 갖가지 핑계를 만들어 야외 활동을 하며 수개월 뒤 또다시 어둠이 닥칠 도시를 최대한 즐기려 노력한다. '쾌적함, 상쾌함, 청량함…….' 생각만 해도 기분 좋은 단어들을 죽 나열하면 아마 그 묘

짧아지는 가을날의 일조량은 밝은 도심에도 금방 무거운 어둠을 가져온다.

사에 부족함이 없을 것이다. 핀란드의 계절을 봄-봄-가을-겨울이라 할 정도로 나의 기준에 여름 기온이 낮기는 하지만 따뜻한 햇볕과 건조한 공기, 갈매기의 울음소리가 만들어내는 여름 풍경이 이 나라에서 10년을 넘게 버티게 해준 버팀목임에는 의심의 여지가 없다.

상황이 이러하다 보니 이곳에서의 생활은 날씨에 많은 영향을 받는다. 핀란드 사람들은 겨울이 오면 실내로 들어가 커피와 술과 촛불로 힘겨움을 달래고, 시간적 금전적 여유가 생기면 해가 많은 남부 유럽이나 동남아시아 등지로 도망치듯 떠난다. 헬싱키의 대중교통과 배차 간격 검색 서비스는 꽤나 정확하고 세심한데, 그 이유가 추운 겨울 바깥에 서 있는 시간을 최소화하기 위함이라는 우스갯소리가 있을 정도다. 날씨가 추워지기 시작하면 자동차나 자전거의 바퀴를 겨울용으로 반드시 교체해야 하는 법이 있으며, 겨울용 바퀴에 박혀 있는 금속과 제설 차량이 길 위를 덮은 얼음을 긁어내며 생긴 상처로 도로 보수공사도 잦다.

기후는 도시의 모습에도 지대한 영향을 주었다. 오래전 조성된 구시가지에는 커다랗고 두꺼운 돌로 지어진 석조 건물들이 많은데, 그 규모나 부피에 비해 상대적으로 작은 창문들이 뚫려 폐쇄적인 모양새를 하고 있다는 것을 알아차릴 수 있다. 요즘 지어지는 건물들은 기술의 발달로 조금 더 개방적인 모습을 하고 있지만, 여전히 겨울철 폭설에 대비하고 단열을 강조하는 꽤나 엄격한 건축법을 따라야 하다 보니 실험적인 형태의 건축물을 시도하기 어렵다고 건축가들은 볼멘소리를 하기도 한다. 여름보다는 겨울에 초점이 맞추어진 건축법 때문에 외형에 제한이 있을 수밖에 없다.

중고 문화도 기후에 적응한다

여름 날씨는 특히나 야외 행사에 적합하기 때문에 여름철 벼룩시장은 공원이나 공터에 시민들 누구나 쉽게 참여할 수 있는 형태로 발달했고, 겨울철에는 그 무대를 실내로 옮겨간다. 헬싱키에는 공원이나 건물에서 정기적으로 열리는 벼룩시장이 많고 일반 소매점이나 카페 등지에서도 고객 유치 행사로 중고품 판매 행사를 기획하곤 한다. 이를 관찰하며 핀란드 사람들에게 중고 가게나 벼룩시장에 참여하거나 방문하는 것이 여가를 즐기는 방법 중 하나임을 알게 되었다. 가족이나 친구끼리 삼삼오오 모여 물건을 한데 모아 판매를 하며 시간을 보내거나 적은 돈을 들고 마음에 드는 물건을 찾으며 여유를 찾는 것이다.

벼룩시장의 정의가 무엇인지 문득 궁금해졌다. 왜 그런 이름이 붙은 걸까? 그 말의 기원에 대해서는 의견이 분분하지만 가장 유력한 기원은 프랑스어 표현 '마르셰 오 뿌쎄Marche aux puces'를 영어로 그대로 옮긴 것으로, '벼룩이 있을 것만 같이 오래된 중고 물건들을 파는 야외 시장'을 일컫는 말이라고 한다. 때에 따라선 수공예 제품이나 지역 특산품 등도 함께 판매하고 방문객들이 여유로이 즐길 수 있도록 음식을 판매하는 포장마차도 같이 들어서 하나의 커다란 집단을 형성하는 경우가 많다.

초등학생 시절, 어머니회에서 기획했던 바자회에 내 물건을 가져가 팔았던 기억이 어렴풋이 난다. 1년에 한 차례 열렸던 행사에 모래로 가득한 운동장에는 책상과 간이 천막 등이 가득 메웠고 철부지 어린 학생들 대신 어머니들이 가판대 뒤에서 판매를 진행하느라 고생하셨던 기억이 있다. 그 뒤로는 좀처럼 마주할 기회가 없어 완전히 잊고 살다가 대학생이 되어 학교 앞 놀이터에 벼룩시장이라는 이름을 내걸고 물건을 판매하는 가판대를 종종 보게 되었다. 워낙 상업 건물이 빽빽이 들어차 있고 유동 인구 또한 많아 여유라곤 찾아보기 힘든 동네인지라 턱없이 작은 규모의 놀이터임에도 불구하고 그 공간이 갖는 지리적 상징성이 컸다. 그래서 그 장소에서 정기적으로 열리는 벼룩시장 역시 지역을 대표하는 문화 중 하나로 여겨졌다. 그러나 차도와 인도의 구분이 없는 좁은 길에서 지나는 차와 사람을 모두 피해가며 가판대를 둘러볼 심적 여유는 도무지 생기지 않았다.

그로부터 몇 해가 지난 뒤 헬싱키에서 친구를 따라 우연히 가보게 된 벼룩시장에서 기대치 않았던 즐거움을 마주했다. 풍경은 생소했지만 그 즐거운 에너지는 쉽사리 녹아들지 않는 이방인들도 기꺼이 포용했다. 무엇보다도 핀란드의 벼룩시장은 전문 상인이 아닌 일반인들의 참여로 이루어지는 경우가 많아 가장 자연스러운 핀란드의 모습을 느낄 수 있었다.

여름의 묘미 '야외 벼룩시장'

쇠퇴한 재래시장, 벼룩시장으로 재탄생

헬싱키는 항구도시다. 도시 남쪽에는 과거 교통과 물자 운송의 핵심을 담당했던 항구들이 곳곳에 남아 있다. 과거에 이 항구를 중심으로 전국에서 온 육류나 생선, 채소 등을 파는 재래시장이 들어섰다. 1889년 반하 재래시장Vanha Kauppahalli을 시작으로 히에딸라흐띠 재래시장Hietalahden Kauppahalli(1903), 하까니에미 재래시장Hakaniemen Kaupahalli(1914) 건물이 세워졌다.♦

재래시장의 쇠퇴는 어디나 존재하는 법이다. 먹거리 선택지가

♦ Vanha Kauppahalli, 'History', accessed 15 Mar 2019.
웹사이트 https://vanhakauppahalli.fi/history 참조.

늘어나고 소비의 경로가 다양해지며 도심 재래시장의 식재료 공급처로서의 역할은 많이 축소되었고 새로운 역할을 찾기 위해 다양한 시도를 거듭해야 했다. 현재 이 재래시장들은 최근 진행한 대대적인 보수공사와 브랜딩을 통해 젊은 에너지가 가득한 공간으로 거듭났다. 오래된 외관은 그대로 지킨 반면 내부는 모든 연령대의 사람들이 부담 없이 즐길 수 있도록 밝고 쉬워졌다. 이전과 같이 식재료를 파는 가게는 물론이고 다양한 국적의 젊은 식당과 카페가 들어섰다. 그럼에 따라 재래시장은 저렴한 가격에 물건을 구할 수 있는 곳보다는 '좋은 품질의 다양한 재료를 구할 수 있는 곳'으로서의 역할을 하기 시작했다.

히에딸라흐띠 재래시장은 항구가 바로 보이는 시내의 남서쪽에 자리하고 있다. 115년의 역사를 지닌 이 벽돌 건물 앞에는 넓은 공터가 있다. 재래시장에 처음 지어진 이래로 줄곧 주차장으로 쓰였던 이 공터에 1981년 헬싱키시의 기획으로 야외 벼룩시장이 마련되었다. 재래시장의 영향력에 비해 이 공터의 잠재력이 제대로 된 고려 없이 낭비되고 있다는 시의 판단 덕분이었다. 중고 제품을 판매하는 야외 벼룩시장이 도심 한가운데에 들어선다는 발상은 당시 사람들에게 새로울 수밖에 없었고 이를 환영하지 않는 목소리 또한 높았다고 한다. 하지만 벼룩시장이 뿜어내는 활력과 다채로움은 사람들이 평소에 접하기 쉬운 것이 아니었고 이는 곧 많은 이의 관심과 지지를 끌어내는 요소가 되었다. 특히 히에딸라흐띠 벼룩시장은 일반 상인뿐 아니라 전문 상인들이 많이 참여해 특이하고 이국적인 물건을 구경할 수 있는 장소로 유명해져 수집가들에게 사랑받는 장소로 정평이 났다.

하까니에미 벼룩시장은 세대와 성별에 관계없이, 누구에게나 흥미로운 행사다.

히에딸라흐띠 벼룩시장은 야외 행사인 관계로 5월부터 9월까지만 열린다. 짧은 기간이기는 하지만 휴무 없이 일주일 내내 열린다는 점이 장점이 있다. 헬싱키시 웹사이트를 통해 누구나 쉽게 판매자 등록을 할 수 있기 때문에 참여도가 높고 교통 또한 편리해 시민들뿐 아니라 관광객들에게도 인기 있는 장소다. 6번 트램의 종점에 가까운 지점, 좁은 불레바르디Bulevardi 길을 따라 직선으로 내달리다가 바다가 시야에 들어올 무렵 오른편에 히에딸라흐띠 벼룩시장이 나타난다. 화창한 여름 날씨를 즐기기에 더할 나위 없이 완벽한 이 행사에 매년 약 1만 2천 명의 판매자가 참여하며 헬싱키에서 가장 오랜 역사를 자랑하는 벼룩시장으로 현재까지 그 명맥을 이어오고 있다.

하까니에미 벼룩시장도 마찬가지다. 하까니에미는 중앙역에서 도보로 약 15분 거리에 있는 동네로 교통이 편리하고 거주 인구가 많은 곳이다. 하까니에미 재래시장은 이 동네의 상징과도 같은 붉은 벽돌 건물로 2019년 현재 재정비가 한창이다. 히에딸라흐띠 재래시장과 마찬가지로 하까니에미 재래시장 건물 앞에도 커다란 공터가 있는데, 이곳에 2014년 이후로 여름이 되면 매 일요일마다 야외 벼룩시장이 열린다. 이 역시 누구나 참여 가능한 자유로운 분위기를 자랑하는 행사로 이 동네가 본래 가진 활기찬 공기와 맞물리며 지나는 사람들을 끌어당긴다. 골동품부터 일상 생활용품, 수공예품까지 다양한 물건들이 진열대에 놓이고, 장난감을 고르는 어린아이들과 오래된 레코드판이나 도자기를 살피는 어른들로 공터는 분주해진다. 굳이 쇼핑을 하지 않더라도 포장마차 카페에 앉아 넓은 공터를 매운 물건들과 사람들을 구경하는 것만으로도 흥미롭다.

　일요일이면 헬싱키 시내는 정적에 휩싸이곤 한다. 일요일에는 영업을 하지 않는 가게들이 많기 때문인데 날이 좋아 엉덩이가 들썩거리는 여름철에는 야외 벼룩시장이 가라앉은 주말의 공기를 끌어올린다. 우리 식구도 별다른 계획 없이 하까니에미 벼룩시장을 방문했다. 여유로이 가판대 사이를 누비다가 마치 예견된 수순처럼 아이는 장난감 자동차들이 잔뜩 늘어선 책상 앞에 자리를 잡았고 수 분이 흐른 후 가장 좋아하는 빨간색이 칠해진 철제 자동차를 손에 쥘 수 있었다.

공원에서 열리는 벼룩시장

복잡한 도시의 앞마당 역할을 하는 공원은 시민들의 다양한 활동을 품어준다. 뉴욕 맨해튼 한복판에 지금과 같은 센트럴파크가 없다면 수년 뒤에는 공원 부지와 같은 크기의 정신병원을 지어야 할 것이라고 한 시인이 설계자에게 말했다는 일화가 전해오듯이 공원은 도시의 중요한 자산이고 시민을 위한 복지다.♦ 공원은 시민들에게 도피처이자 안식처이고 놀이터이자 운동장이다. 공원은 필요에 따라 제 역할을 달리하는 유기적 특성을 지녔으며, 지극히 공적인 공간이지만 동시에 사적인 경험을 제공한다. 헬싱키시에는 현재 약 100여 개의 공원이 있으며 헬싱키시의 도시환경부the Urban environment division가 이를 관리하고 있다.♦♦

♦　　한성은, '만약 뉴욕에 센트럴파크가 없었다면',《오마이뉴스》, 2018년 7월 10일자 인터넷 기사.

핀란드는 겨울이 길고 강설량이 많은 나라이기 때문에 스키는 대중적인 겨울 스포츠다. 겨울철 공원 산책로 양옆 갓길로 스키가 오갈 수 있는 트랙이 생기는데, 이 트랙을 신발로 밟거나 훼손하는 것은 무례한 일로 여긴다.

헬싱키에서 만나는 공원은 대부분 누구나 밟을 수 있는 푸르른 녹지에 흙, 모래로 만든 산책로로 이루어져 있다. 특히 역사가 오래된 도심 공원은 같은 자리에서 그 세월을 함께 견딘 나무들이 지키고 있어 더욱 푸근한 인상을 준다. 사람의 손길이 최소한 닿은 숲도 누구에게나 개방된 훌륭한 공원이다. 헬싱키 중앙역을 시작으로 북쪽으로 약 10여 킬로미터를 따라 이어진 녹지는 헬싱키 중앙공원Keskuspuisto으로 도시의 한가운데에 있다는 사실을 믿기 힘들 만큼 우거진 숲을 자랑한다. 핀란드의 정취를 그대로 느낄 수 있는 가문비나무 숲과 들꽃과 들풀, 개울물이 평화로운 산책로를 제공하고 자전거로 출퇴근을 하는 사람들에게는 안전하고 평화로운 자전거 길이 되기도 한다. 공원 내에 지정된 보호구역은 날다람쥐와 새를 비롯한 다양한 동식물들의 서식지이기도 하다. 가을이면 블루베리와 야생 딸기가 숲을 메우고 버섯은 낙엽을 뚫고 올라와 찰나의 계절을 만끽한다. 계절에 따라 생동감이 있게 변화하는 자연 속에서 사람들은 이를 즐기고 존중하는 법을 배운다.

핀란드에는 '요까미에헨 오이께우뎃Jokamiehen oikeudet(모든 이의 권리)'라는 법이 존재한다. 핀란드에 사는 사람이나 핀란드를 방문한 사람, 그 누구나 이 땅의 자연을 누릴 권리가 있다는 말이다. 이 법은 호수, 바다, 숲 등 대자연을 누릴 자유를 보장한다. 낚시를 하고 수영을 하고 버섯을 따고 캠핑을 하는 등 순수하게 자연을 즐기는 활동이라면 그 어디서든 가능하다. 그것이 다른 사람의 집 앞이라도 말이다. (물론 자연을 해치는 행동이나 타인에게 위협이 되

◆◆   vihreatsylit, accessed 30 Jun 2019.
웹사이트 https://vihreatsylit.fi 참조.

달라펜 공원을 가득 메운 벼룩시장 인파가 보이면 여름이 왔음을 알 수 있다. 이 시민 주체 벼룩시장에 참여를 위해서는 기본적인 책임감과 시민의식이 요구될 뿐, 까다롭고 어려운 규칙은 존재하지 않는다.

벼룩시장에 참여하는 것은 햇빛과 바람이 어우러진 완벽한 핀란드의 여름을 즐기는 좋은 방법이다.

라뻰라흐덴 공원에서는 매 여름 벼룩시장이 열린다. 가족 단위의 판매자가 눈에 많이 띄는 이 벼룩시장에서는 다양한
형태로 판매를 즐기는 사람들을 볼 수 있다.

는 행동은 금지되어 있다.)◆ 어찌 보면 그리 특별한 법이 아니라고 느껴질 수 있지만 사람 사이의 이해관계를 따지기 앞서 자연을 누릴 수 있는 개개인의 권리를 무엇보다도 먼저 존중함을 법으로 명시해놓았다는 점에서 핀란드인들이 자연을 대하는 태도를 짐작할 수 있다.

겨울철 눈이 땅을 덮어 풀밭과 산책로의 경계가 사라지면 공원에는 자전거 길 대신 스키 길이 생기고 아이들은 유모차 대신 썰매를 타고 다닌다. 여름에는 산책을 하고 조깅을 하는 사람들로 산책로는 붐비고 풀밭 위로는 사람과 개와 새가 노닌다. 타인에게 피해를 주거나 공공질서를 어지럽히는 행동만 아니라면 그 무엇이든 자유로이 즐길 수 있다. 공원은 핀란드식 여유의 상징이다.

여름날 도시를 돌아다니다 보면 도심의 공원에서 열리는 야외 벼룩시장을 종종 발견할 수 있다. 지형을 따라, 햇볕을 따라 자유로이 자리 잡은 돗자리와 책상은 마치 풀밭 위의 조각보 같아 멀리서 보면 유쾌하고 재미있는 풍경을 만든다. 거기에 행사를 즐기러 나온 인파가 합세하면 금세 동네 축제가 되곤 한다. 이러한 형태의 공원 벼룩시장은 대부분 시민들이 주체가 되어 이끌어가는 행사로 자리를 미리 예약할 필요도, 자릿세를 낼 필요도 없다. 대부분의 사람들이 직장이나 학교생활을 하는 주중을 피해 토요일과 일요일에 열리는 이 벼룩시장은 쾌적한 여름 날씨 덕분에 참여율이 높다. 참여 방법은 간단하다. 우선 판매하고 싶은 물건들을 추린 다음 가격을 매겨 지정된 공원 안, 원하는 장소에 자리를

◆　visitfinland, 'Everyman's rights-the right to roam', accessed 10 Feb 2019.
　　웹사이트 https://www.visitfinland.com/article/everymans-rights 참조.

잡고 약속된 시간부터 판매를 시작하면 된다. 사전에 준비해야 하는 것은 배를 채울 간식과 거슬러 줄 동전 정도다.

공원 벼룩시장을 둘러보다 보면 많은 경우 집 정리를 목적으로 판매에 참여하기 때문에 가족 단위의 판매자들이 특히 눈에 쉽게 띈다. 엄마, 아빠, 아이들이 돗자리나 책상 위에 물건을 펼쳐놓고 도시락을 먹거나 보드게임을 하고 여유로이 소풍을 즐기며 판매하는 모습을 어렵지 않게 볼 수 있다. 또한 친구들끼리 각자의 물건을 한데 모아 가판대를 차려놓고 선베드를 가지고 나와 일광욕을 하거나 나무에 해먹을 달아놓고 누워 웃고 떠들며 따뜻한 오후를 한껏 즐기기도 한다. 벼룩시장에 참여하는 것이 여름을 즐기는 방법 중 하나인 것이다.

이렇게 일반인들이 주체가 되어 운영되는 벼룩시장은 소소한 살림살이들로 가득하기 때문에 길을 지나는 누구나 쉽게 즐길 수 있다. 질서가 있는 듯, 없는 듯 진열된 물건들을 보는 것만으로도 충분히 즐겁지만, 운이 좋아 나와 비슷한 취향을 가진 판매자를 발견하면 그 자리를 좀처럼 뜨기 힘들다. 아이들 또한 비슷한 또래의 판매자가 가지고 나온 장난감을 고르며 자리를 잡고 앉고 부모 또한 아이 옷을 살피느라 손을 분주하게 움직이곤 한다.

헬싱키 중앙역에서 북동쪽으로 약 15분 정도 거리에 위치한 소르나이넨이라는 동네의 핀란드 유명 시인의 이름을 딴 길, 알렉시스 끼빈 까뚜Aleksis kivin katu 끝자락에 위치한 달라펜 공원Dallapen puisto에는 여름이 오면 매 주말마다 벼룩시장이 열려 그 인파가 물결을 이룬다. 주최 업체나 협찬사가 따로 존재하지 않고 시민들이 자발적으로 이끌어가는 이 행사의 웹사이트에는 '비만 오지 않으

소소한 살림살이와 가정의 평범한 물건들로 가득한 시민 주체 벼룩시장은 아이들도 즐길 수 있는 건강한 행사다.

면 행사는 매주 열립니다'라는 공지만 덩그러니 있을 뿐이다. 젊은이들이 많이 사는 동네답게 자유롭고 활기찬 분위기가 인상적인 이 벼룩시장은 정해진 날짜에 정해진 장소에서 판매자 등록 절차나 자리 예약 없이 누구나 자유로이 마음대로 즐길 수 있는 행사인데, 그렇기 때문에 동시에 참가자들의 책임감을 요한다.

또한 시내 서쪽에 위치한 라삔라흐덴 공원Lapinlahden puisto에도 여름이 오면 정기적으로 벼룩시장이 들어선다. 길게 뻗은 흙길을 사이에 두고 펼쳐진 푸른 잔디밭 위로 자유로이 짐을 풀고 앉은 사람들을 구경하며 지나가는 재미가 있다. 이곳은 달라펜 공원과는 조금 다르게 가족 중심의 차분한 분위기를 느낄 수 있다.

공원 벼룩시장이야 말로 핀란드의 여름을 즐기는 가장 현명한 방법일지도 모르겠다. 집도 정리하고, 돈도 벌고, 그동안 보기 힘들었던 햇볕도 잔뜩 쬐고, 친구나 가족들과 함께 시간도 보내면서 말이다. 판매자와 방문객 모두가 햇빛과 바람과 풀 내음을 맡으며 즐기는 오후의 한때가 낭만적이기까지 하다.

마당에서 열리는 작은 시장

헬싱키 시내의 동네들은 저마다 다른 건축양식을 자랑한다. 동네마다 주거지역으로서 본격적인 개발이 시작된 시대가 다르고 저마다 그 당시 지배적이었던 건축양식을 반영했기 때문에 아르누보Art Nouveau, 노르딕 클래시시즘Nordic Classicism, 기능주의Functionalism 등의 주요 서양 건축 사상을 잘 드러낸 건물들이 집단을 이루고 있어 건축양식에 관해 해박한 지식이 있는 사람들에게 큰 즐거움

을 선사하기도 한다. 건물을 허물고 새로 짓기보다는 유지 보수
하는 쪽을 택하기 때문에 옛 건물의 경우 외형이 그대로 보존되어
있다.

그리 많지는 않지만 오래된 목조 건축물들이 한데 모여 있는
지역들도 시내에 여전히 남아 있다. 대표적인 동네로는 뿌-발릴라
Puu-Vallila, 뿌-꿈뿔라Puu-Kumpula, 반하 헤르또니에미Vanha Herttoniemi,
뿌-깨뀔라Puu-Käpylä, 반하 오울룬뀔라Vanha Oulunkylä 일부 지역 등이
다.♦ 대부분이 20세기 초 급속도로 늘어난 공장 시설을 따라 도시
로 대거 몰려온 노동자들의 거처였던 이 목조 건물들은 널찍한 마
당에 다양한 수목이 심어져 있는 모양새를 하고 있다. 시간이 지
나 대량생산이 가능한 조립식 콘크리트 건물이 시내 곳곳에 증식
하기 시작하며 '낙후된 옛것'이라는 꼬리표가 붙은 목조 건물들
은 처참히 밀려나갔다. 다행히 몇몇 동네는 그 칼바람 속에서 무
사히 살아남아 그 모습을 보전했고 현재는 국가의 보호 아래에
있다. 이 동네에 들어서면 낮은 하늘은 더욱 가깝게 느껴지고 빨
강, 초록, 노랑으로 알록달록 칠해진 집들이 눈을 사로잡아 동화
책 속에 들어와 있는 기분이 든다. 도심에서는 찾기 어려운 넓은
정원과 평화롭고 화목한 동네 분위기 덕분에 이 목조 주택에 살기
를 선망하는 사람들도 적지 않다. 특히 예술가나 작가, 음악가와
같이 창작 활동을 하는 사람들의 선호도가 높다고 한다.

이 주택들의 특징은 무엇보다도 정원에서 찾을 수 있다. 너른
마당을 가진 단독주택도 있지만, 한 건물에 여러 세대가 함께 사

♦   '뿌(Puu)'는 '나무'라는 뜻이고, '반하(Vanha)'는 '오래되었다'는 뜻이다. 도심에 지어진 목조 주
      택단지는 대부분 1920년대에 지어졌다.

시내 곳곳에 남아 있는 목조 주택들이 만드는 풍경

는 연립주택의 모양새를 한 집들도 있다. 또한 집 여러 채가 가운데에 마당을 공유하는 형태로 지어져 있는 경우도 있다. 간혹 집 사이사이마다 울타리가 놓여 있기도 한데 그 경우에도 쪽문이 설치되어 있어 독특한 형태로 이웃과 이어져 있기도 하다.

여름이 되면 이 오래된 목조 주택 지역 주민들은 함께 벼룩시장을 기획한다. 쾌청한 여름 주말에 열리는 이 행사의 판매자는 해당 지역 주민들이고 행사를 방문한 사람들 누구나 쉽게 드나들 수 있도록 앞마당을 활짝 개방한다. 앞마당은 상품을 진열해놓은 돗자리와 책상, 옷걸이로 가득하고 곳곳에서 피어오르는 진한 커피 향기가 오가는 분주한 발걸음들을 잡아끈다. 낯선 사람들에게 앞마당을 개방한다니, 우리로서는 쉬이 상상하기 힘들다.

주민들이 함께 꾸리는 행사이다 보니 가족 중심적인 분위기를 만끽할 수 있다. 발릴라(뿌-발릴라가 속한 동네로 일부 목조 주택 지역을 제외하면 일반 콘크리트 건물로 가득하다.)에서 살던 시절, 별다른 기대 없이 남편과 아이와 구경을 갔던 뿌-발릴라 벼룩시장 행사에 매료되었던 기억이 선명하다. 평소에는 길을 지나며 낮은 담장과 수풀 너머로 흘끔흘끔 엿보기만 했던 목조 주택들의 대문들이 일제히 개방되고 수목이 가득한 마당들은 갖가지 일상 소품들로 가득 찼다. 이 지역의 주택들은 곁에서 보기에는 울타리에 둘러싸인 별개의 독채 같지만, 안마당 울타리들은 모두 미닫이문으로 이어진 형태를 하고 있었다. 동네의 정취에 한껏 취한 사람들은 이 마당 저 마당 자유로이 돌아다녔고, 간혹 물건을 다 가지고 나올 수 없었는지 현관문을 활짝 개방해놓은 집 안으로도 사람들이 자연스레 드나들었다. 사람들이 북적이는 행사에 빠질 수 없는 아이

뿌-발릴라의 마당 벼룩시장. 벼룩시장이 열리는 날, 마당과 현관은 훌륭한 가게가 된다.

뿌–깨뷜라의 마당 벼룩시장. 활짝 개방한 앞마당을 편하게 오가며 자유로운 분위기를 만끽할 수 있다.

스크럼 카트와 커피 포장마차도 어느새 골목길에 자리를 잡았고, 동네 놀이터에선 물건 구경에 지루해진 아이들이 정신없이 뛰놀고 있었다. 빨갛고 노란 형형색색의 그림 같은 집들과 나이를 알 수 없는 앞마당의 커다란 나무와 의심 없이 낯선 이들을 환영하는 주민들의 모습이 한데 어우러져 만들어내는 분위기는 평화로운 동화 속 한 장면 같았다.

뿌-깨뻴라에도 2018년 마당 벼룩시장이 열렸다. 이곳은 여름이면 목조 주택의 나이보다 훨씬 오래되었을 커다란 나무들이 잎을 내어 지붕을 덮어버리고, 잼 만들기 제격인 물기 없는 핀란드 사과나무가 집집마다 우거져 가을을 기다리게 만드는 동네. 빨간 페인트로 칠해진 집들이 굽은 언덕을 따라 물결치고 골목길을 따라 삼삼오오 자리를 깔고 앉은 가족 단위 판매자들이 따뜻한 여름날을 즐기는 풍경에 보기만 해도 행복해진다. 마당을 공유하는 주민들은 이웃과 함께 꾸리는 행사에 들떠 보였다.

마당 벼룩시장은 행사 전반에 깔린 신뢰가 전원적이고 평화로운 주변 분위기와 맞물리며 상상 속에나 있을 법한 아름다운 정취를 마음껏 뿜어낸다. 목조 주택단지에서 열리는 벼룩시장을 방문하면 이 지역 주민들이 얼마나 자신들의 집과 환경에 자부심을 가지고 있는지 쉬이 느낄 수 있다.

겨울을 보내는 법 '실내 벼룩시장'

제 기능을 잃은 도심 건물들의 변신

헬싱키는 관광에 대한 기대치가 높은 외국인들에게는 조금 심심한 도시일 수 있다. 그러나 몇 해를 이 심심한 도시에 살다 보니 재미있는 것들이 모두 골목골목 숨어 있는 것을 깨달았고 이를 발견해서 즐기며 소소한 만족감을 얻는 나름의 요령도 터득했다. 사람마저 건물 안으로 숨어버리는 겨울에는 벼룩시장도 실내로 자리를 옮긴다. 실내 벼룩시장은 운동, 커피, 술 이외에 헬싱키에서 겨울철 여가 시간을 보내는 방법 중 하나로 꼽을 수 있다.

시내 곳곳에는 원래의 기능을 잃은 후 아직 새 역할을 찾지 못해 비어 있는 건물들이 생각보다 많다. 게다가 오래된 기차 정비

소나 물류 창고 등 큰 면적을 가진 건물들은 당시 도시 외곽에 지어졌으나 도시가 팽창하는 바람에 시내로 포함되었다. 이러한 건물들은 대게 교통이 편리한 곳에 위치하여 접근성이 좋음에도 불구하고 그 쓰임새가 모호하다는 단점이 있는데, 시민들을 위한 다양한 행사를 품는 행사장으로 탈바꿈하는 경우가 많다.

떼우라스따모Teurastamo(도축장)는 이에 아주 적합한 예시다. 그 이름에서 유추할 수 있듯이 과거에 헬싱키 시립 도축장으로 쓰였던 떼우라스따모는 1933년에 항만 시설과 식재료 관련 공장 및 회사가 밀집해 있던 산업 단지인 깔라사따마Kalasatama 항구 근처에 지어졌다. 붉은색 벽돌 건물들이 인상적인 이 도축 단지는 1992년을 마지막으로 제 임무를 다했고 그 뒤에는 식품 도매시장으로 탈바꿈했다. 그 뒤 이 지역 일대의 대대적인 재개발사업이 추진되었는데 당시 도시 전반에 서서히 떠오르던 식도락 문화를 지속성을 갖춘 지역 문화로 발전시키겠다는 헬싱키시의 기획에 따라 재정비를 마치고 2012년 대중에 그 문을 새로이 개방했다. 이 도축장 단지에는 현재 증류주 양조장, 아이스크림 가게, 파스타 공장 등 창업 정신을 가진 젊은 식당들과 회사들이 자리를 잡았고 중앙 홀인 껠로할리Kellohalli는 지역 특산물 도매시장, 육아용품 전시 판매 행사, 벼룩시장 등 다양한 문화 행사를 위한 행사장 역할을 한다. 한때 피비린내 진동하던 떼우라스따모는 현재 시에서 가장 중요한 문화 공간 중 하나로 손꼽히며 시민들의 사랑을 듬뿍 받고 있다.

한 달에 한 번, 일요일에 열리는 까띨라할리 버룩시장(Kattilahallin Kirppis)은 지금은 가동을 멈춘 발전소 단지 내 보일러실 건물에서 열린다. 총 140개의 판매대가 들어설 수 있다.

문화 공간이 된 옛 정비소 단지들

어느 토요일, 학교 친구들을 따라 우연히 알삘라Alppila라는 동네에 있는 실내 벼룩시장을 방문하게 되었다. 이곳은 과거 중앙역을 출발한 기차들이 지나는 길목에 자리 잡은 기차 정비 단지로 커다란 붉은색 벽돌 건물들이 널따란 부지에 들어서 있었다. 한때 2500명의 직원을 두었다던 정비소는 이미 과거의 빛을 잃었고 주변에는 주택단지가 조성되었지만 접근성이 좋은 이 커다란 건물들은 도시에서 벌어지는 다양한 행사를 품는 공간으로 거듭나게 되었다. 실내 벼룩시장 발떼리Valtteri가 이곳에서 열렸다.

트램을 타고 도착한 건물 앞은 이미 사람들로 분주했다. 외관상으로는 별로 특별해 보일 것 없는 조용한 건물이었으나 손에 물건을 한 아름씩 들고 나서는 사람들을 보며 건물 안에서 무언가 재미난 일이 벌어지고 있음을 직감할 수 있었다. 설렘을 가지고 건물 안으로 입장하는 순간 발 디딜 틈 없이 공간을 가득 메운 사람들로 보고 적잖이 놀랐다. 시내의 백화점 정기 할인 행사를 하지 않고서는 그 정도의 인파를 헬싱키에서 만나기는 쉽지 않기 때문이었다. 날씨가 추웠던 그날, 실내는 사람들이 만들어내는 후끈한 열기와 건조한 핀란드에서는 흔치 않은 습기로 가득 차 있었다. 발떼리는 헬싱키 시민들에게 가장 사랑받아온 실내 벼룩시장으로 현재는 꼬네빠야 브루노Konepaja Bruno로 그 명칭을 바꾸어 매주 일요일마다 문을 연다.

약 60여 개의 가판대를 놓을 수 있는 넓이의 공간은 그 가짓수를 셀 수 없을 만큼 다양한 물건들로 가득 차 있었다. 일상적인

꼬네빠야 브루노 벼룩시장. 시장을 찾은 사람들을 위한 편의 시설 또한 잘 갖추어져 있다.

물건을 진열해놓은 일반인 판매자들 사이사이에 카메라나 우표, 도자기, 책 등 수집할 만한 가치가 있는 골동품들을 전문적으로 판매하는 상인들도 끼어 있어 구경하는 재미 또한 쏠쏠했다. 물론 여느 시장이 그러하듯 가격 흥정을 할 수 있는 배짱과 뻔뻔함이 있으면 벼룩시장을 조금 더 재밌게 즐길 수 있다. 일반인 판매자의 경우에는 그런 경우가 드물지만 전문 수집가의 경우에는 가격 흥정을 당연한 것으로 간주하는 경향이 있다. 건물의 뒤뜰에는 의자, 책상, 책장, 식탁 등 부피가 큰 가구들을 판매하는 시장이 따로 형성되어 있었다. 이곳을 둘러보다가 남편과 함께 1970년도에 생산된 키가 큰 주황색 조명을 5유로도 안 되는 가격에 구입한 뒤 신이 나서 집으로 돌아오는 내내 우리의 대단한 발견을 스스로 칭찬했다. 이 조명은 여전히 우리 집 거실 한쪽 구석을 밝히고 있다.

한때 트램 정비소로 쓰였던 건물 역시 문화 공간으로 성공적인 탈바꿈을 했다. 꼬리아모Korjaamo(정비소)라 불리는 이곳은 뙬뢰에 위치해 있다. 중앙역을 중심으로 시내의 남서쪽 교통의 동맥 역할을 하는 길 만네르헤이민띠에에 있는 이 옛 트램 정비소 단지의 일부는 여전히 4번과 10번 트램의 정비소와 차고지로서의 역할을 하고 있고, 이를 제외한 공간은 다양한 문화 행사를 열 수 있는 행사장과 트램 박물관, 극장, 식당 등을 갖춘 젊은 문화 공간으로 거듭났다. 그 행사 중 하나가 실내 벼룩시장이다. 날이 좋은 여름을 제외하고 10월부터 4월까지 매주 일요일마다 열리는 벼룩시장은 동네가 주는 정돈된 분위기와 과거 트램 정비소가 주는 따뜻한 감성이 어우러져 인기가 많다. 22.5유로에 자리를 예약하고 누구나 물건을 팔 수 있어서 바깥 활동을 하기에 좋지 않은 날씨에 판매

퍼스카즈 마을 / 사진 ⓒ Elisabeth Blomqvist

자로든 구매자로든 방문하기 좋은 곳이다.

피스카스 골동품 박람회

피스카스 마을은 헬싱키에서 북서쪽으로 약 100킬로미터 가량 이동하면 닿을 수 있는 산골짝의 작은 마을이다. 이 마을은 물이 흐르고 나무가 우거진 산자락에 있어 1649년 일찍이 제철소가 들어섰다. 현재 제철소 단지로서의 기능은 다했지만 직조, 목공, 도예, 유리공예 등과 같은 수작업과 장인 정신의 가치를 높이 사고 존중하는 분위기는 여전히 마을의 바탕이 된다. 2006년 이후로는 창작인들에게 1년의 단기 거주 환경을 제공하는 아티스트 레지던스 residence 프로그램인 '피스카스 에어Fiskars AiR'를 운영하고 있다. 사진작가, 작곡가, 도예가, 화가, 목수 등 다양한 분야의 다국적 창작인들이 마을을 매년 다녀가고 있다.♦

　　피스카스 마을 중앙에 위치한 공터에는 수시로 벼룩시장이 들어선다. 수공예, 제조업을 바탕으로 성장한 역사를 가진 마을이다 보니 이곳에서 열리는 벼룩시장에는 유난히도 옛 도자기나 유리, 직물과 같은 종류의 골동품들이 주를 이룬다. 이런 분위기 속에서 매년 7월 '피스카스 골동품 박람회Fiskars antique fair'가 개최된다. 마을이 가지는 유명세와 상징성 덕분에 이 박람회는 전국의 골동품 딜러와 상점이 대거 참여하여 핀란드와 이웃 국가들의 옛 디자인 제품, 예술품 등을 한자리에서 접할 수 있다.

♦　　Onoma, 'Fiskars AiR', acceded 4 Jul 2019.
　　　웹사이트 http://onoma.fi/fiskars-air 참조.

수공예와 디자인, 예술을 존중하는 마을의 분위기는 피스카스 골동품 박람회를 통해 여실히 드러난다.

우리 식구도 박람회가 열리는 시기에 맞추어 마을을 방문한 적이 있다. 마을 공터는 이미 야외 가판대들이 가득 메우고 있었고 주차장은 곧 만원을 이뤘다. 전국 각지에서 모인 상인들이다 보니 헬싱키에서 보기 힘들었던 물건들도 많고 그 가짓수도 많아 구경을 하는 데 오랜 시간이 걸렸다. 신중에 신중을 기하고 통장 잔고를 떠올리며 자제력을 발휘해 조명을 하나 구매한 뒤 발길을 돌리려던 우리에게 안내 요원이 넌지시 말했다.

"여기는 행사의 시작점이에요. 숲속으로 들어가야 박람회장이 나와요."

야외 공터에 자리한 가판대의 수와 진열된 양질의 물건들, 모여든 인파만 보고 이게 박람회 행사의 전부일 것이라고 지레짐작했던 우리는 놀라지 않을 수 없었다. 하마터면 기껏 방문한 행사를 제대로 즐겨보지도 못하고 자리를 떠날 뻔했던 우리는 마을의 구석 어딘가로 이동하는 사람들에 섞여 개울가를 따라 걸었다. 시원하고 푸르른 물소리를 들으며 피스카스의 오솔길을 따라 걷다 보니 옛 창고 건물을 개조한 박람회장이 숲 사이에서 그 모습을 드러냈다.

전시장 내부는 박람회에 참여한 60여 개의 상점들이 자리를 대여해 저마다 얼마만큼 가치 있고 희귀한 물건들을 취급하고 있는지 보여주며 그 전문성과 다양성을 뽐내고 있었다. 아기자기한 소품과 갖가지 유용한 생활용품, 가구, 조명 등을 비롯해 예술가의 그림과 조각품, 접하기 힘든 유명 디자이너의 제품들도 눈에 띄었다.

얼마 지나지 않아 같은 행사가 헬싱키에서 '헬싱키 골동품 페어Helsinki antique fair'라는 이름으로 열리는 것을 발견했다. 여전히 대형 여객선이 머물다 가는 동네 까따야노까Katajanoka의 옛 선박 창고에서 열리는 헬싱키 골동품 페어는 피스카스를 방문하기 어려웠던 사람들과 도시를 찾은 관광객들이 몰려 북새통을 이뤘다. 내가 행사장에 도착한 오전에는 개장 시간에 맞추어 입장해 흥미로운 물건들을 더 먼저 보고 구매할 기회를 얻기 위해 서두른 사람들이 입구에 줄을 만들고 있었다. 인기 있는 식당이나 한밤중 시내의 유명 클럽을 제외하고 줄 서는 것을 보기 힘든 핀란드에서 주말 오전에 줄이라니. 중고 물건에 여분이 없다는 점이 만들어낸 진풍경이었다. 행사가 시내에서 열리다 보니 장소가 협소해 야외 전시장은 따로 마련되지 않고 실내 공간 또한 좁았지만 방문객들의 관심과 열의에는 차이가 없었다.

피스카스와 헬싱키의 박람회, 두 장소를 모두 방문해보니 핀란드 골동품에 관심을 보이는 젊은 사람들을 찾는 것은 결코 어려운 일이 아니었다. 핀란드의 오래된 디자인 제품들은 지속되는 모더니즘의 영향으로 꾸준히 사랑받으며 젊은 세대의 관심을 어렵지 않게 끌고 있다. 게다가 핀란드 디자인 제품들을 향한 세계의 관심이 경매장의 숫자가 증명하고 있는 요즘, 투자를 목적으로 제품에 관심을 보이는 젊은 사람들 역시 늘어나고 있기 때문일 것이다. 어디를 가도 가족 단위의 손님을 환영하는 사회적 분위기 덕분에 엄마와 아빠, 할머니와 할아버지의 손을 잡고 따라와 그들보다 오랜 시간을 살아온 물건들에 흥미로운 시선을 던지는 아이들 역시 볼 수 있었다. 오랜 시간 곁에 둘 수 있을 만큼 잘 만든 물건들과, 이에 가치를 부여하고 기꺼이 돈과 시간을 투자하는 모습

그리고 이를 다음 세대에게도 자연스레 전해주는 모습을 보며 부러운 생각이 들기도 했다.

빠울리나 "무심코 던진 푸념이
시민 행사가 되었어요."

시민 축제가 된 '청소의 날'

매년 5월과 8월의 각 하루, 헬싱키는 거대한 중고 장터로 변신한
다. 시보우스 빠이바Siivouspäivä, '청소의 날'이라 부르는 행사로 시
민들이 자신의 물건을 중고로 판매하며 이를 축제처럼 즐기는 날
이다. 시내 곳곳은 돗자리나 책상, 옷걸이 등을 들고 나와 물건을
진열하고 파는 사람들과 하루아침에 장터로 변한 익숙한 도시의
낯선 분위기에 기꺼이 취하러 나온 사람들로 장관을 이룬다.

작아져서 입지 못하는 옷, 아이가 더 이상 거들떠보지 않는 장
난감, 충동구매한 장식품, 먼지 앉은 찬장 속 접시, 듣지 않는 오
래된 레코드판 등 대부분의 가정에는 저마다 그럴 듯한 이유로 수

납공간만 차지하고 있는 물건들이 있다. 이런 물건들이 모이면 무시 못할 만큼의 큰 공간을 잡아먹게 마련이지만, 우리는 언젠가는 반드시 쓸모를 찾을 수 있을 거라는 기약 없는 다짐과 함께 다시 제자리로 돌려보내기를 반복한다. 나에게는 쓸모가 없지만 누군가가 유용하게 사용할 수 있다면 함께 나누는 것이 현명하지 않을까? 시보우스 빠이바는 이렇게 우리 모두가 쉽게 공감할 수 있는 생활 속 문제점을 즐거운 축제로 승화시키며 대중들로부터 커다란 호응을 얻고 있다.

시보우스 빠이바에 참여하는 방법은 매우 간단하다. 행사가 열리는 날에 팔고 싶은 물건을 모아 원하는 장소에서 판매를 시작하면 된다. 판매에 더 적극적으로 뛰어들고자 한다면 미리 공식 웹사이트에서 판매자 사전 등록을 하면 된다. 이 과정에서 판매 희망자가 팔고자 하는 품목과 원하는 판매 위치를 기입할 수 있어 자신의 일일 가게를 효과적으로 홍보할 수 있다. 판매 희망자가 등록 시 공개한 정보는 웹사이트에서 제공하는 지도 위에 알기 쉽게 표시되어 행사를 적극적으로 즐기고자 하는 구매자들에게 유용하게 사용된다. 이는 특정 물건을 찾는 구매자가 시간과 에너지를 허비하지 않고 웹사이트 검색을 통해 원하는 물건을 팔고 있는 판매자를 바로 찾아갈 수 있도록 돕는다.

판매자가 물건을 판매할 수 있는 장소는 허락받지 않은 사유지를 제외한 시내의 모든 공원, 공터, 골목, 판매자 본인의 집 등 어디든 가능하며 지나는 사람들을 쉽게 끌어모으기 위해 이웃들과 한자리에 뭉쳐 동네의 공원이나 큰길 등지에 커다란 시장을 형성하는 것도 역시 가능하다. 이런 행사일수록 조용한 곳에 혼자

덩그러니 떨어져 있기보다는 다른 판매자들과 함께 모여 있는 것이 판매에 유리하게 작용하기 마련이다. 그럼으로써 판매자들도 이웃들과 함께 친분을 쌓으며 좀 더 즐겁게 행사를 즐길 수 있어 장기적으로 보아 지역사회에 긍정적인 효과를 기대할 수도 있다.

아마추어 판매자들의 여유

다양한 연령대의 사람들이 한데 어우러져 행사를 즐기는 모습은 시보우스 빠이바의 자랑이라 할 수 있다. 행사가 주말에 열린다는 점과 참여를 위해 특정 주제에 대한 지식과 이해가 필요하지 않다는 점 때문에 모두가 쉽고 자유롭게 도시를 한껏 즐길 수 있다. 유모차를 끌고 나온 젊은 부부, 엄마 아빠 손을 잡고 놀러 나온 어린아이들, 삼삼오오 떼를 지어 다니는 청소년들, 혼자서 진지하게 쇼핑에 임하는 중년 아저씨, 인파를 즐기는 노부부까지 다들 저마다의 목적과 방식을 가지고 시보우스 빠이바에 참여한다.

판매자들 역시 가족 단위를 비롯하여 연인, 친구까지 다양하며 세계 각국에서 온 이민자, 유학생들도 섞여 있다. 행사 당일 판매자들은 책상을 들고 나와 작은 가판대를 꾸미거나 돗자리를 깔고 그 위에 찬장이나 창고, 서랍에서 꺼내온 갖가지 물건들을 진열한다. 진열된 다양한 물건들을 구경하다 보면 그야말로 시간이 쏜살같이 흘러간다. 집 안을 정리할 요량으로 식기, 접시와 같은 각종 주방용품과 액자, 화분, 조명과 같은 생활 소품을 들고 나온 젊은 부부, 골동품이라 여겨도 좋을 만큼 오래된 옛 은식기와 유리 제품, 색이 바랜 고서적, 옛 지도 등 희소가치가 있어 보이는 물

건들을 잔뜩 꺼내어 나온 중년 부부도 만날 수 있다. 지금보다 더 어릴 적 본인이 갖고 놀던 장난감과 책을 모아 판매자로 참여한 어린이들을 볼 때면 그 대견함에 저절로 얼굴에 미소가 지어진다.

시보우스 빠이바가 지닌 또 다른 흥미로운 점은 판매자가 형태가 있는 물건뿐 아니라 자신의 기술력을 팔 수도 있다는 점이다. 판매자들 중에는 야외 작업장을 만들어놓고 자전거를 그 자리에서 직접 수리하거나 재봉틀을 가지고 나와 옷을 수선하는 사람들도 만날 수 있다. 또한 집에 있는 식탁과 의자를 모조리 야외로 가지고 나와 간이 카페를 만들어놓고 솜씨를 한껏 발휘해 구운 빵과 파이, 와플, 커피를 파는 사람들도 어렵지 않게 찾을 수 있다. 그중에는 호기롭게 직접 과일을 갈아 주스를 만들어 팔던 어린 친구들도 있었다.

시보우스 빠이바 행사 참여에는 별다른 규제 사항이 없다. 다만 전문적, 지속적으로 판매를 하는 기업이나 회사, 사업체는 참여할 수 없다. 모두 저마다의 직업을 갖고 있는 일반인들이 하루 동안은 중고 판매 상인이 되는 것이다. 그래서인지 시보우스 빠이바는 아마추어 판매자들이 만드는 어설픔이 자아내는 여유가 가득 묻어 있다. 긴 겨울과 서늘한 봄이 겨우 물러나고 눈에 띄게 일조량이 늘어난 5월의 끝과 물러나는 아쉬운 여름을 진득하게 즐길 수 있는 8월에 열리는 야외 행사이니 만큼, 해가 그리운 사람들은 선베드와 태닝 크림도 가지고 나와 하루 동안의 야외 행사를 몸 바쳐 즐기겠다는 자세를 보이기도 한다. 그쯤 되면 판매를 하겠다는 의지보다는 해를 받고 음악을 듣고 친구나 가족과 주말을 즐기겠다는 의지가 훨씬 더 강해 보이기도 한다. 질서가 없는 듯

자전거를 수리하거나 옷을 수선하는 등 무형의 기술 역시 판매할 수 있다는 점이 다양한 관심사를 가진 여러 연령대의 사람들을 끌어모으는 힘이 되기도 한다.

자리 잡고 앉은 사람들과 그 사이사이를 자유로이 헤집고 다니며 구경하는 사람들이 함께 시보우스 빠이바만의 독특한 풍경을 그려낸다.

소셜 미디어의 힘

시보우스 빠이바는 다양한 형태의 시민 주체 행사를 기획해온 빠울리나 세빨라Pauliina Seppälä를 중심으로 뜻을 함께하는 5명의 팀원이 이끌어가고 있다. 빠울리나를 처음 만난 것은 약 5년 전, 알토 대학교에서 열렸던 한 워크숍에서였다. 지난해 열렸던 시보우스 빠이바 행사 진행에 있어서 개선 방안을 모색하고자 열렸던 워크숍에는 다양한 학과의 학생들이 한데 모여 생각과 의견을 나누는 자리였고, 이 신선하고 대담한 행사에 대한 젊은 학생들의 관심은 높았다. 약 두 시간에 걸쳐 진행된 워크숍에서 시보우스 빠이바가 지속성과 설득력을 갖추기 위해 무엇을 더할 수 있을지 열띤 토론이 벌어졌던 것을 기억한다. 변화하는 시장 속에서 자연스레 일상에 녹아들기 시작한 공유 경제, 그 속에서 행동하는 시민들과 정부의 역할, 도시의 의미 등 많은 질문을 던지는 자리였다.

　　제공된 최소한의 플랫폼 위에서 시민들이 자발적으로 완성하는 형태의 이벤트로서 시보우스 빠이바의 시도와 성공은 의미하는 바가 크다. 많은 사람들의 공감대를 건드리고 이를 하나의 어엿한 행사로 만들어 보이는 사람은 과연 어떤 생각을 갖고 있는지 매우 궁금해졌다. 게다가 시보우스 빠이바는 행사 그 자체로 나에게 커다란 즐거움을 선사해주었다. 인터뷰를 계기로 빠울리나를 그녀의 사무실에서 만날 수 있었다. 지난 수년간 각종 매체를 통해 활발히 목소리를 내는 그녀를 보며 쌓인 일종의 경외심은 나도 모르는 사이에 긴장의 벽을 만들어놓았지만, 그녀의 호탕하고 허물없는 모습에 이내 편안히 대화를 할 수 있었다.

"대학에서 경제학과 사회학을 공부한 후 한동안 저널리스트로 활동했어요. 그런데 창작 활동이 너무 하고 싶어서 예술학교에 다니기도 했지요. 그렇게 다양한 분야와 사회 현상에 항상 흥미를 가지고 있었는데, 마침 등장한 소셜 미디어가 내 관심을 사로잡았어요."

약 10년 전부터 전 세계적으로 놀랄 만큼 빠르게 확산되고 활성화되기 시작한 소셜 미디어는 빠울리나에게 굉장히 신선한 충격이었고, 그 속에서 실시간으로 거침없이 자신의 의견을 피력하고 나누는 사람들을 지켜보며 변화의 가능성을 발견하게 되었다고 말했다.

그녀는 시보우스 빠이바의 시작을 묻는 나에게 기억을 더듬으며 이야기를 들려주었다.

"2009년경이었으니까 약 10년 전이었을 거예요. 핀란드를 비롯한 유럽 전역에 난민 문제가 불거지면서 핀란드에서도 난민들을 대상으로 한 인종차별을 우려하는 목소리와 이를 향한 날 선 차별적 목소리가 양립하고 있었어요. 어느 날 저녁에 우리 아이들이 동네 친구들이랑 운동장에서 축구를 하고 있었는데, 운동장 반대편에서 또 다른 무리의 아이들이 경기를 하고 있는 것을 보게 되었어요. 그리 크지도 않은 동네 축구장을 굳이 반으로 나눠서 상대편이 필요한 경기를 따로 하고 있다는 것에 모두 어색해하면서

빠울리나 세빨라 / 사진 ⓒ Vesa Laitinen

쭈뼛거리고 있었는데, 그 적막을 깨트리는 용감한 누군가의 제안으로 아이들이 함께 경기를 하게 되었어요. 마침 동네에 난민 보호소가 마련되었다는 소식을 접해 들었는데, 집에 돌아온 후에야 그들이 핀란드까지 올라온 난민들이었다는 사실을 알게 되었어요."

집으로 돌아온 그날 밤 그녀는 페이스북에 그룹 '난민 환대 모임 뿌나부오리Refugee Hospitality Club Punavuori'(뿌나부오리는 동네 이름이다.)를 만들었다. 이는 지역사회에 정착한 이주민들의 원활한 적응을 돕는 발판을 만들기 위함이었다고 그녀는 말한다. 오랜 시간이 지나지 않아 뜻을 같이하는 주민들이 합세하며 그룹의 규모는 커지기 시작했고 활발한 교류의 장으로 성장했다. 그해 겨울, 예상치 못한 폭설이 헬싱키 도심을 집어삼켜 급기야 길가에 주차된 차들이 눈 속에 파묻혀 꽁꽁 얼어버리기 전에 꺼내야 하는 지경에 이르자 빠울리나는 페이스북 그룹 회원들을 대상으로 협동 제설 작업을 제안했다. 다음 날 아침, 제설 작업을 하기 위해 모습을 드러낸 사람들은 빠울리나와 이주민들뿐이라는 사실에 한 번 놀라고, 그 소식에 이를 취재하러 몰려온 각 매체의 기자와 카메라의 숫자가 정작 제설 작업을 하는 사람의 숫자보다 많았다는 사실에 또 한 번 놀랐다고 한다. 빠울리나에게 이날의 일은 후원을 하는 회사, 정부나 예산 없이도 일반인들의 자주적 행동이 긍정적 변화를 이끌어낼 수 있다는 믿음을 갖게 되는 전환점이 되었다. 이 과정에서 소셜 미디어가 지닌 잠재력 역시 깨달았다고 한다.

미적지근한 시 행정, 뜨거운 시민들의 열정

그 무렵 빠울리나는 그녀의 소셜 미디어 계정에 갖고는 있지만 좀 처럼 쓰지 않는 물건들을 처리하기 곤란하다는 말을 무심코 던졌는데, 이 말은 많은 주변인들의 공감을 사며 삽시간에 퍼져나갔고 이는 여러 사람의 머리와 손을 거치며 순식간에 하나의 어엿한 중고 판매 시민 행사로 그 모습을 갖추기 시작했다고 한다.

"사람들의 반응에 깜짝 놀랐어요. 그냥 무심코 던진 푸념이 어느 순간 그럴 듯한 시민 행사의 모양새를 갖추어 되돌아왔을 때 이를 빨리 실행에 옮겨야 한다는 생각밖에는 들지 않았어요. 기획의 시작부터 발전까지 전 과정이 이미 페이스북에 다 공개가 되어 있던 터라 홍보를 하려고 따로 애를 쓸 필요가 없었어요. 단지 내가 할 일은 사람들의 관심과 열정이 사그라들기 전에 서둘러 오프라인 모임을 형성하고 신뢰를 줄 수 있는 공식 웹사이트를 개설하는 것이었어요. 이전에 네덜란드나 영국 등지에서 자유로이 행해지고 있는 중고 거래 행사를 참고하면서 기획을 해나갔어요. 기획단계에서 가장 염두에 두었던 것은 사람들이 홍겹게 즐길 수 있도록 체계적이고 쉬운 시스템을 갖추는 일이었어요."

순식간에 모아지고 다듬어진 의견을 들고 헬싱키시를 상대로 행사 진행 허가를 요청하였으나 시는 이를 단칼에 불허했다. 수많은 사람들이 공공장소에서 물건을 사고파는 행위를 도모하는 이 행사를 도시 공공 기물 관리와 공공장소 질서를 담당하는 공공사업국Rakennusvirasto이 반길 리 만무했다. 행사가 치러지는 동안 발생할 수 있는 각종 사고와 기물 훼손, 공공질서 침해 등이 거절의 주된 사유였다. 이 사실이 알려지자 실망한 시민들이 자발적 청원을 하기 시작했고 그 수가 많아 시에서 이를 감당할 수 없는 지경에 이르렀다. 그럼에도 불구하고 허가의 기미는 보이지 않았다. 난감해하고 있던 빠울리나에게 또 다른 시민 주체 행사 '라빈똘라 빠이바Ravintolapäivä', 즉 '식당의 날'♦의 기획자인 띠모 산딸라Timo Santala가 시민들이 공공장소에서 물건을 판매할 때 '영구적인' 판매 활동이 아닌 이상 시의 허락을 반드시 구할 필요가 없다는 조언을 해주었다. 라빈똘라 빠이바는 1년에 네 번 열리는 행사로 시민 누구나 하루 동안 자신의 식당을 열어 음식을 판매할 수 있는 날이다. 공원에서 작은 간이 카페를 여는 사람부터 집에서 예약을 받아 코스 음식까지 만드는 사람들도 있다. 하루 동안 누구나 감춰둔 실력을 마음껏 발휘할 수 있으며 현재 영업 중에 있는 음식점만 아니면 누구나 참여할 수 있다.

이 현실적인 조언에 힘을 입은 빠울리나와 팀원들은 행사를 강행하기에 이르렀고, 그렇게 시의 미적지근한 시선 속에서 시보우스 빠이바 행사 날의 아침이 밝아왔다. 약속된 시간이 다가오자 시민들은 기다렸다는 듯 길거리, 공원 등지로 쏟아져 나왔고 도시는 전에 없던 생기와 활기로 가득 찼다. 행사는 높은 시민 의식 속에서 청결하고 질서 정연하게 진행, 마무리되었으며 시가 염려하던 일들은 발생하지 않았다. 모두들 자신의 방식대로 하루를 멋지게 즐긴 참가자들은 뒷정리도 깨끗하게 했고, 시보우스 빠이바 주

♦ '라빈똘라 빠이바'는 2011년 5월에 헬싱키에서 처음 열렸다. 핀란드에서 시작된 이 행사는 현재 전 세계 30여 개 국가에 퍼졌다. 영업 중인 식당은 참여할 수 없다. 특별한 방법으로 도시를 즐길 수 있는 라빈똘라 빠이바는 시민들의 열렬한 지지를 받고 있다.

행사가 열리면 도시는 새로운 모습으로 탈바꿈한다. / © Yhteismaa, 사진 Venla Helenius

최 측에서도 판매자들이 팔리지 않은 물건들을 다시 집으로 가져가는 수고를 덜어줌과 동시에 이를 기부할 수 있도록 수거 서비스를 제공했다. 성숙하게 마무리된 축제를 지켜본 뒤 헬싱키시는 행사를 공식적으로 허가했다.

"솔직히 말해서 시보우스 빠이바를 바라보는 시의 시선은 여전히 곱지만은 않아요. 그렇지만 행사를 향한 시민들의 뜨거운 관심과 열정은 행사를 성공적으로 이끈 원동력이 되었고, 이는 시가 결코 무시하지 못할 만큼의 규모로 행사가 성장하는 데에 가장 큰 도움이 되었어요. 아이러니하게도 헬싱키시는 이 행사를 달갑지 않아 하지만 관광처에서는 시보우스 빠이바를 도시를 대표할 만한 행사라며 대외적으로 적극 홍보하고 있어요. 재미있죠?"

이렇게 미적지근하고 혼란스러운 태도로 일관하는 시가 우려하는 부분이 어떤 것인지 이해하지 못하는 것은 아니지만, 시민들은 생각보다 훨씬 더 성숙하고 준비가 되어 있다는 사실을 빨리 인정하고 받아들여야 한다고 빠울리나는 말한다.

"보통 정부나 기업은 많은 예산을 들여서 장시간에 복잡한 절차를 거쳐 사업을 실행하지만, 시민들은 이미 그 울타리 밖에서 이렇다 할 예산과 복잡한 절차 없이 삶의 질을 높이기 위해 다양한 시도를 하고 있어요. 의지도 있고 열정도 있고 지식도 있어요. 시민들을 신뢰하고 시민들과 협력하려는 자세가 앞으로의 정부에 필요하다는 생각이 들어요. 나는 우리가 함께 '시보우스 빠이바'라는 도전 과제를 던져줌으로써 헬싱키시가 이전에는 생각해보지 못했던 미래의 정부 모습과 역할을 고민해볼 기회를 주었다고 생각해요. 이는 더 나은 미래를 위해 필요한 과정이라고 생각해요."

검소, 겸손 그리고 개성

시보우스 빠이바에 대해 이야기를 나누다가 문득 핀란드 중고 문화에 관한 빠울리나의 의견이 궁금해졌다. 그녀는 중고 문화가 핀란드 사람들의 생활 깊숙이 녹아 있고 이의 뿌리를 이해하기 위해서는 오래전으로 거슬러 올라가야 한다고 말한다.

"핀란드에서 중고 문화는 매우 자연스러운데, 여기에는 아마 여러 이유가 있을 거라고 생각해요. 내 생각에는 그중 무엇보다도 소비와 꾸밈을 죄로 여기는 루터교의 영향이 컸을 것 같아요."

핀란드의 정식 국교는 이웃 북유럽 국가들과 마찬가지로 검소함과 겸손함을 강조하는 루터교다. 도시인구의 대부분이 크리스마스와 세례식을 제외하고는 교회에 발을 들이는 법이 결코 없지만 여전히 교외 인구의 종교 의존도는 높은 편이다. 비록 신앙심이 전혀 없더라도 사회 전반에 오래도록 뿌리 내린 통념이 소비를 절제하고 가진 것을 드러내지 않도록 통제한다는 것이 그녀의 생각이다. 그렇기에 새 물건을 사는 것은 부정적으로 여기는 반면, 중고 물건을 사는 것은 상대적으로 거부감 없이 받아들일 수 있다는 것이다.

"게다가 핀란드는 스웨덴, 덴마크, 노르웨이와 같이 세금을 많이 내고 복지 혜택을 고루 받는 노르딕 모델Nordic model을 추구하는 국가이기 때문에 사람들 사이의 경제 격차가 상대적으로 작아 중고 문화가 별다른 거부감 없이 사회 전반에 고루 퍼지기 좋았을 거예요."

또한 개인의 자유와 개성을 존중하는 개인주의의 영향 역시 무시할 수 없다고 한다. 빠울리나 역시 무엇인가가 극명하게 유행을 타고 번지면 그것만큼은 절대로 따라가고 싶지 않다는 강한 의지가 있는데, 이따금 중고 가게를 방문해 예측 불가능하고 재미있는 물건들을 찾는다고 한다. 과연 내일 어떤 옷을 입고 사무실에 나타날까 생각하는 것이 꽤나 재미있다며 웃었다.

"결정적으로 핀란드는 춥잖아요. 따뜻한 이탈리아나 스페인이라면 공원 벤치나 잔디밭에 누워서 시간을 보내겠지만 이곳의 날씨는 추워서 밖에 오래 있을 수 없을 뿐더러 그때마다 카페에 들어가면 돈을 써야 하잖아요. 그게 싫으면 부담 없이 들어가서 시간을 보낼 수 있을 만한 장소를 찾게 되겠죠. 중고 가게야말로 그러기에 딱 적합한 장소지요."

다른 나라, 다른 도시에서 벤치마킹해요

비록 단 하루 동안이지만 도시는 전혀 다른 공간이 된다. 이 다른 풍경의 도시에서 시민들은 매일같이 반복되는 자신의 모습을 잠시 잊고 다른 사람이 될 수 있다. 분명 몇 년 동안 같은 담장 안에서 살아왔을 이름 모르는 이웃과 처음으로 대화다운 대화를 하고, 슈퍼마켓에서 이미 수차례 마주쳐 낯이 익은 동네 주민과도 처음으로 인사를 한다. 현대의 도시는 마치 뚫을 수 없는 견고한 성곽과 같아서 이미 누군가 만들어놓은 콘크리트 벽 틈새에 내 물건을 채워 넣고 살아가는 것 이외에 개인이 할 수 있는 것은 하나도 없는 것만 같다. 그러나 그렇게 단단한 벽 뒤에 가려진 사람의 수는 생각보다 많았고 비슷한 생각과 고민을 가진 사람들도 많았다. 수

시보우스 빠이바는 시민들에게 도시를 즐기는 또 다른 방법을 제시하고 시민과 도시의 권리와 책임, 미래에 대해
생각할 기회를 준다. / © Yhteismaa, 사진 Venla Helenius

십, 수백 번 오갔던 집 앞 골목길은 책상이 줄지어 늘어서 있어도 어려움 없이 걸어 다닐 수 있을 정도로 넓었고, 옆 동네의 황량하기 그지없어 보이던 공터에는 생기가 돈다. 시보우스 빠이바는 내가, 우리 모두가 주체가 되어 지역사회에 긍정적인 변화를 가져올 수 있다는 자신감, 소속감, 연대감을 심어주고 더 나아가 능동적 발상과 사고를 가능하게 해 도시를 더욱 풍요롭게 만든다.

시보우스 빠이바 행사 이후, 전과는 다르게 시민들이 도시를 훨씬 더 적극적으로 활용하고 즐기게 되면서 뻣뻣했던 도시가 많이 유연해진 것 같다고 빠울리나는 소감을 밝혔다. 도시의 규모가 커지고 인구가 늘어날수록 질서를 유지해야 하기 때문에 시민들의 의무와 책임이 강조되곤 한다. 동시에 시민들의 권리는 잊히기 쉽다. 단순히 도시의 빈 곳을 채우는 머리가 아니라 사회를 이루는 떳떳한 구성원으로서 더 나은 도시를 위해 자발적으로 생각하고 활동할 수 있으며, 그런 도시를 누릴 수 있는 권리가 있다는 사실이 등한시되어서는 안 된다. 이는 도시에서의 삶의 질과 직결되어 있기 때문이다. 이에 준하는 서비스를 제공해야 하는 것이 도시의 의무이고 책임일 것이다. 시보우스 빠이바를 통해 도시에 사는 시민으로서의 의무뿐 아니라 우리가 누릴 수 있는 당연한 권리에 대해서도 깊이 생각해볼 수 있는 기회를 가졌다.

"시보우스 빠이바는 다른 나라, 다른 도시에서도 몇 차례 기획되었어요. 동일한 행사를 자신이 사는 도시에서 개최하고 싶다며 우리에게 연락을 취해오곤 해요. 애초에 어디서든 같은 행사를 진행할 수 있는 가능성을 열어두고 기획했기 때문에 우리에게 연락을 취하면 가능한 많은 정보를 제공하려고 노력합니다. 하지만 헬싱키에서처럼 지속적으로 일어나지는 못하고 단발성 행사에 그치곤 하더라고요. 나라마다, 도시마다 가진 환경과 인식이 달라 어려울 수 있다는 점은 이해하고 있습니다. 그래도 아쉬움은 남아요."

빠울리나는 시보우스 빠이바를 통해 사람들이 소비와 환경에 대해서도 다시금 생각해볼 수 있는 기회를 가졌으면 하는 바람이 있다고 밝혔다. 물론 행사를 순수하게 즐기는 것도 중요하다. 하지만 중고 물건을 직접 사고파는 행동을 통해 우리의 소비 행태와 생활 방식을 다시금 돌아보고 문제점이 있다면 실생활에서 어떻게 이를 고치고 변화를 실천할 수 있을지를 생각해보는 시간이 되었으면 하는 것이다. 그래서 빠울리나와 팀원들은 행사 기간 동안 누구나 쉽게 즐길 수 있는 교육 프로그램을 기획하는 방안을 구상 중에 있다고 밝혔다.

"현재 행사는 1년에 두 번 열리고 있어요. 이틀 동안의 행사는 물론 의미 있지만 행사가 열리지 않는 363일 동안에도 같은 의식과 행동이 꾸준히 이어졌으면 하는 바람이 있어요. 나중에는 더 많은 사람들이 이를 일상의 한 부분으로 자연스럽게 받아들일 수 있었으면 좋겠어요. 이를 위해서 시보우스 빠이바도 여기서 안주하지 않고 진화해야 해요. 날씨에 구애받지 않고 실내에서도 즐길 수 있는 공식 행사를 기획하고 있어요. 시범 행사를 몇 차례 가졌는데 참여율이 그다지 높지 않았어요. 아무래도 날씨 좋은 여름날, 시민들 모두가 다 같이 모이는 야외 행사가 아니기에 그 매력이 떨어지는 것일 수도 있어요. 지속력을 갖춘 행사로 만들기 위해 고민을 하고 다양한 시도를 할 필요가 있어요."

시보우스 빠이바는 더 나은 사회를 그리는 많은 사람들의 고민과 바람, 관심을 거쳐 탄생했다. 앞으로도 시민사회의 변화를 빠르게 감지하고 시민들이 자유로이 고민과 생각을 나누고, 그 과정에서 누구나 질문을 던지고 함께 성숙한 대답을 찾을 수 있도록 돕는 광장 역할을 하리라 믿는다.

7장.
중고 문화를 즐기는 사람들

멜리사 "현대 패션 산업의
건강하지 않은 생태계에 환멸을 느꼈어요."

재사용의 좋은 본보기

핀란드의 중고 문화에 관심을 갖다 보니 중고 문화를 활발히 즐기고 있는 보통 사람들에 대한 호기심이 증폭했다. 중고 가게에 가면 다양한 물건 만큼이나 다양한 사람들을 볼 수 있기 때문이다. 가구를 고르는 평범한 중년의 아저씨와 아주머니, 이어폰을 꽂고 열심히 옷을 고르는 학생, 오래된 아라비아나 마리메꼬 제품을 사냥하는 관광객, 부모 손을 잡고 따라와 가게에 진열된 장난감을 바닥에 늘어놓고 놀이에 푹 빠진 아이까지 다들 저마다의 목적을 가지고 저마다의 시간을 보낸다. 나와 관심사를 어느 정도 공유하고 내가 무슨 이야기를 듣고 싶어 하는지 쉽게 짐작할 만한 주변 친구들은 제외하고, 만난 적 없는 낯선 사람들로부터 중고 문화에 관한 그들의 이야기를 듣고 싶어졌다. 내가 모르는 재미있는 이야기를 들려줄 것만 같은 생각이 들어서다. 그래서 중고 가게 계산대 앞에 서 있다가 계산을 하고 가게를 나서는 사람들을 붙잡고 다짜고짜 말을 걸까 생각도 해보았지만 무뚝뚝하고 부끄럼 많은 핀란드 사람들의 내적 평화를 방해하고 싶지는 않았다. 방법을 모색하던 와중 깔리오 세컨드핸드 중고 가게의 주인인 야따의 도움을 받아 중고 문화에 대한 자신의 이야기를 기꺼이 들려줄 사람들을 만날 수 있었다.

가을의 어느 주말, 비에 젖은 나무 향이 가득한 동네 오울룬 뀔라 기차역 승강장에서 인터뷰 요청에 기꺼이 응해준 멜리사 Melissa와 조우했다. 멜리사와 나는 지역 쇼핑센터 1층 카페에 자리를 잡았다. 높은 유리 천장 밑 회랑으로 오가는 사람들의 말소리와 발소리를 배경으로 멜리사는 자신의 이야기를 들려주었다.

"손재주가 뛰어나 항상 손수 옷을 만드셨던 할머니와 엄마로부터 어렸을 적 처음 바느질을 배운 이후로 내게도 옷을 만드는 것은 커다란 기쁨이 되었어요. 뛰고 구르고 던지는 놀이가 훨씬 더 좋았기 때문에 내게 인형이 딱히 재미있는 놀잇감은 아니었지만, 바느질을 해서 인형 옷을 만들어 입히는 것만큼은 정말 재미있었던 기억이 생생해요. 그래서 성인이 되어 자연스럽게 패션 디자이너의 길을 선택했고 학교 졸업 후 거대 패스트 패션 회사에서 일하게 되었어요."

그러나 빠르게 찍어내고 무심히 버리기를 반복하는 현대 패션 산업의 건강하지 않은 생태계에 환멸을 느끼게 되었고, 그 과정에서 철저히 배제된 인류와 환경과 미래에 대한 고찰은 멜리사 앞에만 떨어진 숙제인 것만 같았다. 주변에 그득그득 쌓인 새 천과 새 옷은 더 이상 긍정적인 영감을 주지 못했고 인류를 포함한 자연이 마주한 난제임을 느꼈다. 물건이 넘쳐나는 세상에 기계처럼 또 다른 물건을 만들어야 하는 현실 앞에서 천직이라 여기던 직업이 자신을 괴롭히고 있다는 것을 깨달았다.

"어렸을 때 별다른 장난감 없이 들판에서 산에서 뛰어놀았던 기억이 있어요. 그때는 정말 자유로이 마음껏 자연을 즐기고 누렸던 것 같은데 이제는 더 이상 그러지 못한다는 사실에 슬퍼져요. 내게는 그 추억이 너무 아름답고 소중해서 현대 패션 산업에 몸담고 있기가 더 힘들었던 건지도 몰라요."

그 무렵 안타깝게도 멜리사는 건강 문제로 직장을 떠날 수밖에 없었다. 그동안 받은 스트레스와 쌓여가는 무료함을 달래기 위해 저가의 새 옷 쇼핑을 즐겼다고 말한다. 그것이 바로 불과 몇 달 전, 자신의 직업에 대한 회의감을 느끼게 했던 바로 그 원인임을 거짓말처럼 잊은 채 말이다. 시간이 지나 건강이 회복된 후 재충전을 위해 방문한 증조부의 고향 폴란드의 크라코우Krakow에서 멜리사는 우연히 재사용되고 있는 중고 옷감들을 마주했다.

"크라코우에서 재충전을 하던 중 벼룩시장에서 오래된 중고 옷감들을 발견했어요. 그 순간 항상 집에서 손수 옷을 만드시던 할머니와 엄마가 떠오르면서 한동안 잊고 있던 즐거움을 다시 찾은 기분이었어요. 내가 어떻게 이 즐거운 것을 잊고 살았을까 생각이 들더라고요. 그 옷감들을 보고 헬싱키로 돌아가서 무엇을 하고 싶은지 깨달았어요."

핀란드로 돌아온 후 멜리사는 중고 가게와 재사용 센터를 다니며 중고 의류와 직물을 모아 새로운 아이템을 만들어 블로그에 공개하기 시작했다. 그녀는 중고 옷을 구입해 수선하거나 조합해 새로운 옷으로 만드는 과정과 결과물을 공유함으로써 누구나 보고 따라하고 영감을 얻을 수 있도록 만들었다. 유행이 지났다는 이유로 너무나 쉽게 버려지는 물건들이 아직 얼마만큼 가치가 있는지, 얼마나 잘 활용할 수 있는지 예시를 만들어 보여주고 싶었기 때문이다.

그러다 보니 어느새 재사용 센터가 멜리사의 블로그를 팔로우하고 있다는 사실을 뒤늦게 알게 되었다. 당시 재사용 센터는 재사용의 좋은 본보기를 보여줄 수 있는 블로거들을 찾고 있었는데 창작 활동을 꾸준히 해오던 멜리사가 이에 적격이었던 것이다. 재사용 센터는 멜리사가 더욱 활발히 활동할 수 있도록 옷감을 지원함과 동시에 때때로 재사용 센터의 향후 프로젝트를 함께 논의하기도 한다.

처음엔 낙인과 놀림이 두려웠어요

내가 만나 인터뷰를 했던 다른 사람들과 마찬가지로 멜리사도 핀란드의 중고 문화가 활발해진 것이 1990년대라고 말한다. 1970년대에 유년 시절을 보냈던 그녀는 당시 중고 문화가 사실상 전무했다고 기억을 더듬는다. 물론 가족, 친인척 사이에 물건을 물려주는 일은 보편적이었으나 그것이 결코 쇼핑 문화로 발전하지는 않았다.

"당시 내가 살던 동네에 구세군이 운영하는 중고 가게가 있었어요. 그런데 가게 내부는 어둡고 퀴퀴한 냄새도 나고 굉장히 낡은 물건만 취급했기 때문에 사람들이 쉬이 가게 안에 발을 들이지 않았어요. 나 또한 마찬가지였어요."

고속 성장의 달콤함을 만끽하기 시작한 핀란드인들은 '남이 쓰던 물건을 사는 가난한 사람'으로 낙인찍힐까 두려웠다. 멜리사 역시 혹시라도 중고 옷을 입거나 호기심에 못 이겨 중고 가게를 들락날락하는 모습을 또래 친구들에게 들키기라도 하면 놀림을 받을지도 모른다는 생각에 중고 가게 근처에는 얼씬도 하지 않았다고 한다. 지금에 와서 그녀의 할머니와 엄마가 평생 헌 옷감으로 만드셨던 옷들을 생각하면 그 당시에 왜 그럴 용기가 없었을까 이제 와 후회스럽기도 하다 말하지만, 세상의 모든 고민을 혼자 짊어진 듯 예민한 사춘기 십대가 느꼈을 두려움은 상상보다 거대했을 것이다.

1990년에 들어서며 핀란드는 경제 대공황을 맞이하고 그 타격은 국민들의 생활 속 깊숙이 침투했다. 물론 이는 모두에게 뼈아픈 기억이지만 동시에 아주 많은 기회의 문을 열었다고 멜리사는 차분히 얘기했다. 도시 이곳저곳에 중고 물건을 파는 벼룩시장이 열렸고, 그때 그녀도 자신의 물건을 팔기 위해 처음으로 상인으로 나섰다고 한다. 경제 대공황은 1993년도에 공식적으로 끝이 났으나 그 당시 뿌리를 내린 강한 중고 문화는 이후에도 그 명맥이 끊기지 않고 하나의 심지 굳은 문화로 자리 잡았다.

이유 있는 고집과 신념

멜리사는 5년이 넘는 시간 동안 꾸준히 중고 의류와 중고 천으로 옷을 만들어오고 있다. 사람들에게 좋은 예시를 보여주고 싶기도 하고, 동시에 스스로 이 일을 즐기기 때문이다. 일주일에 꼭 한 번씩은 재사용 센터를 방문해 재료를 물색한다고 한다.

그런 그녀에게 몇 가지 중요한 원칙이 있다. 그녀가 만든 물건은 멜리사 본인이 직접 소비한다. 혹여 이를 타인에게 줄 경우 판매하지 않고 무상으로 제공한다. 본인에게 필요 없는 물건 역시 판매하지 않고 중고 가게에 무상으로 기부한다. 주변에는 물건을 필요로 하는 사람들이 반드시 있기 마련이고, 자신이 하는 일을 대가를 바라고 하고 싶지 않다는 것이 그녀의 생각이다.

또한 새 물건을 사지 않으려 노력한다. 대부분의 생활용품은 중고 가게에서 찾고 옷은 중고로 구입해 수선해 입는다. 전자 제품을 사야 할 경우에는 전 구매자가 반품한 제품을 저렴하게 판매하는 물건들 중에서 고른다. 사실 이런 원칙들을 지키는 것은 생각보다 쉽지 않게 들린다. 마음에 드는 외형이나 기능을 갖춘 중고 제품을 찾는 과정은 꽤나 강한 인내심을 필요로 하기 때문이다. 다행히도 그녀의 남편과 두 아이들도 중고 쇼핑을 즐기며 이렇게 강한 그녀의 생활 방식에 적극적으로 동참한다고 한다.

"최근 들어 핀란드의 중고 문화가 활발해지면서 남성 의류가 눈에 많이 들어오기 시작했어요. 잇세빨베루 중고 가게나 벼룩시장 등지에 참여하는 남성 판매자들도 많아졌고 남성 의류만 전문으로 취급하는 중고 가게도 생겼고요. 그래서 남편과 함께 가게를

위 I 본인이 가장 좋아하는 옷을 입었다는 멜리사. 물론 중고 가게에서 구입해 수선했다. / 사진 ⓒ Melissa Laitakari
아래 I 멜리사가 아들에게 만들어준 청바지 / 사진 ⓒ Melissa Laitakari

방문할 때마다 예전보다 훨씬 들떠 있는 걸 느낄 수 있어요. 우리 아이도 내가 중고 가게에 갈 때면 본인이 좋아하는 특정 브랜드의 제품이 있는지 항상 예의 주시해달라고, 그리고 발견하면 잊지 말고 사다 달라고 부탁해옵니다."

환경은 단연코 그녀의 최대 관심사다. 늘어나는 인구를 입히고 먹이는 데에 쓰이는 에너지는 현재 생산 시스템 안에서 비효율적으로 쓰이고 낭비된다. 사람이 먹을 쇠고기를 대량으로 생산하기 위해 인간이 직접 섭취할 수 있는 농작물을 대량으로 키워 소에게 먹이는 비효율적 시스템을 무리해서 돌리고 있다. 화학약품 처리가 필요한 옷감을 대량으로 생산하고 가공하기 위해 상대적으로 환경 규제가 덜한 타지의 공장에서 생산하고 그 지역 주민들을 질병에 노출시키고 있다. 앞으로 이 모든 짐을 떠안게 되는 미래 세대를 위해서는 변화가 필요하고 그 변화를 위해서는 모두가 함께 고민하고 공부하는 자세가 필요하다고 멜리사는 힘주어 말한다.

멜리사는 현재 지역 청소년 센터Youth center에서 선생님으로 일하고 있다. 그곳에서 그녀는 재사용, 쓰레기 분류, 수선 등에 대한 수업을 진행한다고 한다. 언젠가는 본인의 작업실을 열어 좀 더 많은 사람들과 소통하고 교류하며 옷을 잘 다루는 방법, 만들거나 수선하는 방법 등을 직접 가르쳐 수선 역시 하나의 대중문화로 자리 잡는 데에 기여하고 싶다는 소망을 밝혔다.

물건이 지닌 가치를 제대로 소비하지 않고 버리고 또다시 구매하기를 반복하는 사람들의 태도에 멜리사는 분개하고 지치고 또 분개하기를 반복한다. 그래도 예전과는 확연히 다르게 변화하고 있는 중고 문화를 향한 대중의 인식과 이를 적극적으로 즐기려하는 젊은 세대를 보며 희망을 찾기도 한다고 말한다. 멜리사의 고집스런 생활 방식이 그 어느 때보다도 무겁게 느껴지는 이유는 환경오염과 기후변화에 대한 뉴스의 빈도가 늘어났음에도 머리로만 걱정하며 변함없이 지속하는 나의 생활 방식 때문일지 모르겠다. 멜리사의 이야기를 들으며 그녀가 그동안 얼마나 심각하게 고민해왔고 얼마나 간절히 문제를 바로잡고 싶어 하는지 느낄 수 있었다. 과연 우리는 얼마만큼 우리를 바꿀 준비가 되어 있을까? 얼마만큼 적극적으로 우리가 얽어놓은 숙제를 풀 자세가 되어 있는 것일까?

헬리 "유년 시절의 그 따뜻함을 상기하고 싶어요."

중고 소품으로 풍경을 만들다

봄이 슬그머니 다가오는 4월의 어느 날, 헬리Heli를 만나기 위해 에스뽀시에 위치한 그녀의 집을 찾았다. 알록달록한 색으로 칠해져 있는 전원적 목조 주택들이 모여 있는 동네에서 찾은 헬리의 집은 주변의 건물들과는 조금 다른 형태의 눈에 띄는 하얀 콘크리트 건물이었다. 현대적이라고 말하기에는 소박한 면이 더 드러나는 반듯한 외형이 주변의 풍경에 이질감 없이 녹아들었다. 까만 철제 문틀에 달린 하얀 초인종을 누르자 전에 한 번 만나 익숙한 얼굴의 헬리가 나와 반기며 문을 열어주었다.

지난겨울 무렵, 우리는 시내에서 한 차례 조우했다. 당시 막 구매를 마쳤던 이 집에 예기치 못한 문제가 있음을 발견했고 계획에도 없던 보수공사를 해야만 했다. 그 덕분에 정신없는 하루하루를 보내고 있다며 힘들어하는 기색을 감추지 못했던 헬리의 모습이 기억에 남아 있었는데, 이제 그녀는 밝은 얼굴로 공사를 마치고 멀끔히 정리된 집 구석구석을 나에게 자랑스레 소개시켜주었다.

두 아이와 남편과 함께 살고 있는 집은 하얀 벽과 나무 바닥이 따뜻한 조화를 이루고 있는 복층 집이다. 집은 그리 크지 않지만 흰 벽과 커다란 창문, 적당한 크기의 정원이 네 식구에게 전혀 부족함이 없어 보였다. 집 안에서 가장 좋은 목을 차지하고 있는 그녀의 스튜디오에 발을 들이자 벽면 하나를 가득히 채운 나무 창틀과 조각보 같은 나무 바닥이 가장 먼저 눈에 들어왔다. 이는 1970년 집이 지어졌을 당시 그대로의 모습을 하고 있다며 헬리는 뿌듯한 표정을 지어 보였다. 다만 창틀에 앉은 오래 묵은 때를 벗기고 광을 내느라 꽤나 고생을 했다는 말도 덧붙였는데, 과연 고생할 만한 가치가 있어 보이는 아름다운 공간이었다.

"저는 작은 소품들에서 즐거움을 찾아요. 유명한 디자이너의 작업물보다는 작자 미상, 출처 미상의 일상적인 물건에 더 흥미를 느끼곤 해요. 물건의 형태와 재질, 색상 등에서 의미를 찾는 편인데 이런 소품들이 함께 만들어내는 의도하지 않은 조화가 영감을 줍니다."

헬리는 광고, 잡지, 영화 등의 스타일리스트로 일하고 있는 디자이너다. 가끔씩 여유가 생기면 중고 가게에 가서 그녀의 흥미를 끄는 소품들을 탐색하는 취미를 갖고 있는데, 이렇게 모인 물건들을 사진에 담는 작업을 꾸준히 해오고 있다.

헬리와 그녀의 작업실

헬리가 본격적으로 소품 사진을 찍기 시작한 것은 2016년도 오이꼬띠에Oikotie라는 부동산 중개 웹사이트의 의뢰를 받아 진행한 프로젝트 이후였다. 다른 프로젝트와는 별개로 헬리 본인의 자유도가 높았던 작업이었던 터라 그동안 시도해보고 싶었던 주제를 마음껏 실험해볼 수 있는 좋은 기회였다고 한다. 중고 가게에서 틈틈이 모아온 소품들을 가지고 진행한 촬영은 좋은 결과를 낳았고, 그 뒤로 헬리는 꾸준히 같은 주제로 사진 작업을 이어가고 있다.

"재사용 센터나 피다에 자주 가요. 일상의 물건들이 잘 정리되어 있기 때문이에요. 특히 재사용 센터의 무료로 가져갈 수 있는 물건을 모아둔 코너를 즐겨 찾아요. 그곳을 살펴보면 대부분 원래의 용도를 알기 어려운 물건들로 가득해요. 그런 물건의 경우에는 오히려 형태와 재료에 집중하기 쉬워서 다른 물건들과 창의적인 조합을 더 자연스럽게 만들어주는 것 같아요. 이렇게 모은 소품들을 가지고 사진을 찍을 때면 오래된 물건에 새 생명을 불어넣는 것 같아서 기분이 좋아요."

할머니가 물려주신 유산

헬리는 헬싱키에 정착하기 이전에 북쪽에 있는 오울루Oulu라는 도시에서 살았다. 다른 사람들이 말한 것과 마찬가지로 그녀의 유년 시절에 중고 문화는 큰 비중을 차지하지 않았다.

"어렸을 때 이렇다 할 중고 문화는 존재하지 않았어요. 어느 순간 자연스레 나타났지요. 그때는 바야흐로 1990년도였는데, 오울루 시내에 처음으로 모든 시민이 참여할 수 있는 형태의 벼룩시장이 열린다는 소식이 들려왔어요. 벼룩시장이라는 게 무엇인지 익히 들어서 알고는 있었지만 실제로 방문해본 적도, 물건을 팔아본 적도 없던 터라 그 궁금증에 구미가 당겼어요. 친구와 함께 가진 물건들을 긁어모아 용감하게 판매에 참여했어요. 그 당시 이러한 대규모 시민 참여형 벼룩시장은 모두에게 처음이라 판매자도 구매자도 모두들 쑥스러워했어요. 친구와 의기투합해 판매자로 나서기는 했지만 막상 손님이 다가오면 부끄러워 어쩔 줄을 몰랐지요. 부끄러워하는 건 손님도 마찬가지였어요. 그래도 모두가 정말 행사를 즐겼던 기억이 있어요. 그 뒤로 벼룩시장은 금세 규모가 커지고 도시의 정기적인 행사로 자리 잡았어요."

헬리 역시 핀란드의 경제 대공황이 발생했던 1990년도 이전의 중고 문화는 매우 조용하고 소극적이었다고 기억했다. 그렇게 생소했던 중고 문화는 어느새 헬리의 생활에 자연스레 녹아들어 이제는 그녀의 일의 중요한 일부가 되었다.

"대학을 졸업하고 1995년도에 헬싱키에 내려와 정착했어요. 지금은 사라졌지만 당시 헬싱키 중앙역 너머에 제 기능을 잃고 비어 있는 커다란 벽돌 건물이 있었어요. 원래 기차역 창고로 쓰이던 건물이었는데, 그 빈 건물에서 여름 주말마다 시민 누구나 판매자가 될 수 있는 마까시니Makasiini(창고) 벼룩시장이 열렸고, 나는 매주 빼놓지 않고 방문했어요. 그 벼룩시장은 전문 상인이 아닌 일반인들이 주로 참여하는 시장이었고 정말 신기한 사람들과 신기한 물건들의 집합소였죠. 새로운 사람들과 만나고 이야기를 듣는 걸 좋아하는 내게 그곳은 정말 환상적인 장소였어요. 사람 구경도 하고

위 I 헬리가 전등갓으로 사용한 나무 바구니는 빠레꼬리(Pärekori)라 불리는 핀란드 전통 공예품이다. 가운데에 있는 두상은
학창 시절 헬리가 받은 휘뮈뛰또(Hymytyttö)로 학급 내 친구들에게 좋은 영향을 주는 학생들에게 수여하는 상이다.
아래 I 서랍 위에 자리 잡은 작은 철제 로봇은 헬리가 가장 좋아하는 장난감이다. 말과 딸기 등이 그려진 육면체들은 과거
마리메꼬에서 생산했던 빨라셋(Palaset) 장난감이다. / 사진 ⓒ Heli Ilkka

좋아하는 장난감도 틈틈이 사 모으는 재미가 아주 쏠쏠했어요."

헬리의 엄마는 오래된 그릇이나 유리 제품을 모으는 취미를 갖고 계셨다고 한다. 이를 보고 자란 헬리 역시 어렸을 때부터 그녀만의 물건을 수집을 하기 시작했는데, 그녀의 주된 관심사는 오래된 과거의 장난감이었다. 벼룩시장이나 중고 가게를 방문할 때면 여전히 옛 장난감을 찾아 눈을 돌리고 소품이 지닌 이야기를 찾아 공간을 꾸미고 사진의 한 장면으로 남긴다. 장난감으로 시작했던 수집은 끊이지 않고 현재까지 이어져 이제는 그녀의 일이 되었다.

단순한 취미라 치부할 수 있지만 곰곰이 생각해보면 이런 행동과 사고방식은 그녀의 할머니로부터 영향을 받은 것 같다고 헬리는 말한다.

"이제 와 생각해보면 할머니께서 1970년대에 이미 중고 문화에 관심을 갖고 계셨어요. 항상 자연환경과 물건의 재사용, 절약 등에 대해 이야기하셨고, 새 옷을 사지 않는다거나 비닐봉지를 사용하지 않으려는 방식으로 꾸준히 실천하려고 노력하셨어요. 그렇지만 당시 주변의 동의는 얻지 못했지요. 당시로써는 꽤나 진보적인 사고방식이었고, 할머니의 이런 태도를 불편하게 바라보는 주변 사람들도 적지 않았어요. 하지만 우리 가족들은 이런 할머니에게서 큰 영향을 받았던 것 같아요."

특히 그녀는 나무로 된 옛 물건이 애착을 느낀다고 한다.

"1960, 1970년대 핀란드의 일반적인 노동 계층 가정이 수공업을 해 부수입을 버는 것은 당연한 일이었어요. 직조를 하고 도자기를 만들고 목공을 하는 게 하나도 특별할 것이 없는 일반 가정의 일상이었죠. 가정용 베틀이 집집마다 있었으니까요. 그중에서 특히 목공은 핀란드 서민을 가장 잘 드러내는 방식인 것 같아요. 현재 유명한 핀란드 디자인 브랜드들이 여전히 자국민들에게 사랑을 받는 이유를 여기서 찾을 수 있을지 몰라요. 아무리 시간이 흘러도 서로 공유하는 감성이 있거든요. 나도 그렇게 가정에서 보편적으로 만들었던 나무로 된 소품이나 직물들을 보며 자랐어요. 좋은 기억으로 남아 있는 유년 시절의 그 따뜻함을 상기하고 싶어서 아직도 옛 물건들을 찾아다니는 건 아닐까 싶어요."

영화 세트장 소품도 문제없어요

현재 헬리는 세트 디자이너로 영화 제작에 참여하고 있다. 2019년 11월 개봉을 앞두고 있는 영화 〈Täytelinen Joulu(완벽한 크리스마스)〉인데, 크리스마스를 맞아 할머니 집에 모인 가족들의 이야기를 담은 드라마다. 국내 유명 배우들이 배역을 맡아 제작 단계에서부터 이미 많은 주목을 받고 있다고 한다.

영화의 주된 배경이 할머니 집이다 보니 연식이 오래되고 따뜻한 느낌이 나며 동시에 현실감 있는 소품들이 현장에 많이 필요하다고 한다. 덕분에 헬리가 그동안 수집해온 일상적인 물건들이 빛을 발하고 있다. 자녀들이 어릴 적 사용했던 방 안을 여전히 지키고 있는 물건들과, 오래된 감성이 남아 있는 거실의 가구와 장식품, 휴일을 맞아 한자리에 모이는 가족들의 식사 시간을 책임질 각종 요리 도구와 식기들 등 일상적이면서도 흥겨운 분위기를 끌어낼 수 있는 소품들이 장면마다 많이 필요하다. 게다가 작위적이지 않고 자연스러운 모습이 연출되어야 하기 때문에 소품 하나하나에 더욱 신경을 써야 한다고 헬리는 말한다.

"한번은 부엌에 놓인 원형 식탁을 꾸며야 했어요. 크리스마스를 맞아 가족들이 한자리에 모이는 상황이기 때문에 집 내부는 이미 크리스마스 장식으로 가득했어요. 그래서 부엌에 자리한 작은 원형 식탁도 그 분위기를 따라가야 했지요. 충분히 예스럽고도 세련된 느낌의 식탁보가 필요했지만 마음에 드는 물건을 찾는 것은 의외로 쉽지 않았어요. 한참을 고민하다가 재사용 센터에 전화를 걸어 물어봤지요. 크리스마스를 배경으로 한 영화를 찍고 있는데 찾고 있는 물건이 있다고요. 그러니 별다른 대답 없이 매장으로 와서 직접 찾아보는 것이 어떠냐는 답이 돌아왔어요. 도착하니 친히 마중을 나온 직원이 우리에게 재사용 센터의 보물 창고를 개방해주었어요. 재사용 센터 자체도 워낙 규모가 큰데 그 창고는 몇 배나 더 컸어요. 큰 주제에 따라 엄청나게 많은 양의 물건이 선반에 차곡차곡 정리되어 있었어요. 상상해보지 못했던 그 규모에 동행했던 동료와 나는 놀란 입을 다물지 못했죠. 그중에는 당연히 '크리스마스' 선반도 있었어요. 크리스마스와 관련된 다양하고 많은 물건들이 선반을 빼곡하게 메우고 있는 모습에 감탄이 절로 나왔지요. 그곳에서 꼭 미리 맞추기라도 한 듯 영화 속 장면에 매우 적절한 빨간 원형 식탁보를 발견할 수 있었어요."

우리는 한참을 영화 제작에 대해 이야기를 나누었고, 어느새 높아진 햇빛이 나무 창틀을 넘어 작업실 안으로 쏟아지고 있었다. 헬리도 영화 제작은 처음이라 스트레스가 이만저만이 아니지만 정적인 사진을 찍을 때와는 다른 생동감에 큰 매력을 느낀다고 한다. 지금은 일 때문에 당분간 본인의 작업을 할 여유가 없지만 다시 시간이 생기면 계속해서 소품 사진 작업을 이어가고 싶다고 한다. 이번 주말에는 모처럼 시간이 나서 중고 가게에서 찾은 옛날 마리메꼬 천으로 소파에 새 옷을 입혀줄 거라며 웃었다.

리사 "중고 문화의 즐거움을 나누고 싶어요."

중고로 일상을 채우다

더 바랄 나위 없는 핀란드의 여름이 섬광과도 같이 지나가면 비와 함께 가을은 불쑥 찾아온다. 아직 채 물들지 않은 단풍잎은 감상할 시간도 넉넉히 주지 않고 비바람에 속수무책 떨어진다. 그렇게도 아쉬운 계절의 어느 아침, 인터뷰 약속을 한 리사Liisa와 시내의 한 카페에서 만났다. 리사는 인터뷰 요청에 가장 처음으로 응해준 사람이다. 큰 키에 커다란 웃음을 지으며 어색한 분위기를 순식간에 툭툭 털어버린 리사의 에너지는 비 오는 서늘한 가을 아침의 어둑함마저 날려버릴 만큼 밝았다.

인터뷰할 때 사람들을 만나면 반드시 물어보는 질문들이 몇

리사는 어려서부터 중고 문화를 즐기며 스스로를 표현하는 방법을 터득했다.

가지 있다. 그중 하나가 어떠한 계기로 중고 문화에 관심을 갖게 되었느냐는 것이다. 내가 중고 문화에 흥미를 느끼기 시작한 것은 약 10년 전, 핀란드라는 나라가 어떤 나라인지 이제 조금은 알 것 같다는 생각이 들 무렵이었다. 핀란드 생활을 시작함과 동시에 중고 문화는 내 옆에 항상 있었지만 이를 본격적으로 의식하고 따라가기 시작한 것은 한참 후였다. 나는 이미 성인이 된 후에야 접한 이 새로운 문화로부터 기분 좋은 충격을 받았는데, 이 땅에서 나고 자란 사람들은 나와는 다른 어떤 경험을 했는지 알고 싶었다. 내가 직접 경험할 수 없었던 그들만의 이야기는 어떤 것이었는지 말이다. 물론 리사에게도 같은 질문을 했다.

"어려서부터 부모님, 할머니와 할아버지의 손을 잡고 중고 가게에 자연스럽게 가게 되었어요. 그러다 보니 자연스럽게 그곳이 나의 보물 창고라는 걸 깨달았어요. 이번엔 무슨 물건이 나를 기다리고 있을까 상상하면 설레기도 했어요."

어린 리사는 물건이 지닌 색상, 모양, 촉감을 관찰하며 스스로의 감각을 통해 즐거움을 찾는 법을 익혔다.

"무리 지어 다니며 소속감을 느끼고 싶어 하는 질풍노도 사춘기 시절에 주변 시선은 전혀 신경 쓰지 않았어요. 오히려 친구들과 비슷한 옷은 입고 싶지가 않았어요. 그래서 더더욱 중고 가게를 찾게 되었어요. 그곳에 가면 시간도 나라도 뒤죽박죽 섞여 있잖아요. 그곳에서 물건을 고르다 보면 나를 알아가는 기분이 들었어요. 그리고 특히 학창 시절, 넉넉하지 않은 용돈으로 쇼핑을 즐기기에 중고 가게만큼 완벽한 곳은 또 없었거든요."

리사는 주변의 시선에 예민하게 반응하는 청소년 시절에도 시간만 나면 중고 가게를 돌아다니며 자신만의 개성을 더 뚜렷이 살려줄 다양한 색상의 옷과 액세서리를 걸치며 스스로를 표현하는 방식을 배워갔다고 한다. 그런 경험이 쌓여서일까? 리사는 서로 다른 재료들이 선사하는 느낌을 자신만의 방식으로 즐길 줄 아는 자신감과 이를 이용할 줄 아는 감각을 지녔다. 유행과는 관계없이 자신을 즐겁게 해주는 물건을 고를 줄 알고 본인을 드러내는 것에 대한 두려움이 없다. 나를 만난 그날 역시 걸치고 있는 모든 옷이 중고 가게에서 온 것들이라며 호쾌하게 웃었다.

쇼핑의 기쁨은 내가 구매한 물건의 가치를 알아봐주고 이에 동의해주는 누군가가 옆에 있을 때 배가 되기 마련이다. 리사의 가족과 주변 친구들도 중고 문화를 즐기는 편이기는 하지만 그녀만큼 열성적이지 않기 때문에 이를 나눌 수 있는 통로가 필요하다는 것을 느꼈다고 한다. 그래서 동일한 관심을 가진 이들과 함께 소통하기 위해 소셜 미디어에 커뮤니티를 개설해 운영 중이다. 이 커뮤니티에서 사람들은 자신이 중고 가게에서 구매한 물건에 대한 정보와 더불어 그 물건을 찾은 장소를 소개하며, 핀란드 전역에 숨어 있는 보석 같은 중고 가게나 벼룩시장에 관한 정보를 교환한다.

가벼워진 소유라는 개념

리사는 약 10여 년 전부터 핀란드의 중고 문화가 더욱 활발해졌음을 느낀다고 말한다. 중고 가게는 훨씬 이전부터 늘 가까운 곳에 있었으나 조금은 어둡고 낡았던 것이 사실이다. 그런 핀란드의 중고 문화 현장에 젊은이들이 적극적으로 판매와 구매에 참여하기 시작하며 가게의 전반적 서비스의 질, 분위기가 눈에 띄게 개선되었다.

"젊은이들이 중고 문화에 유입되기 시작한 것은 아마도 저렴한 패스트 패션 브랜드의 대거 등장과 소셜 미디어의 활성화에서 찾을 수 있을 것 같아요. 최신 유행을 적극 반영한 스타일, 저렴한 가격, 빠른 회전을 무기로 경제적으로 풍족하지 않은 젊은 세대를 주요 고객층으로 삼는 패션 브랜드의 수가 눈에 띄게 늘어나고 있어요. 구매는 그 어느 때보다도 쉽고 빠르지만 그만큼 유행에 민감하기 때문에 시간이 지나면 어느새 촌스러운 옷이 되어버려요. 소셜 미디어가 이런 현상을 부추기고 있는데, 동시에 해결책을 제시하기도 해요. 중간 상인을 거치지 않고 직접 물건을 판매할 수 있도록 말이에요. 온라인 거래는 시간이 지날수록 활발해지고 있어요. 사실 전체 그림을 보았을 때 저렴한 옷을 구입한 뒤에 단순히 철이 지났다는 이유로 너무나 쉽게 중고로 되파는 현상에 문제가 있긴 하지만, 다양한 옷을 시도하는 것을 좋아하는 나 같은 사람들은 이를 즐기기도 해요. 물건의 소유라는 개념을 조금 더 가볍게 생각할 수 있지 않을까요?"

인터뷰 당시 리사는 다른 나라로 이사를 준비 중이었다. 덕분에 살림살이를 처분하느라 볼품없이 텅텅 빈 집에서 생활하고 있다고 했다. 나와 이야기를 나누는 동안에도 온라인 중고 매매 사이트에 올려놓은 조명을 사러 누군가가 집을 방문하기로 했다며 중간중간 휴대폰을 꺼내어 들고 약속을 잡았다. 오는 주말에는 집 안에 남아 있는 물건을 삭삭 긁어모아 벼룩시장에 판매자로

중고 물건들로만 꾸며진 리사의 집은 1년의 공백기가 느껴지지 않을 만큼 편안하고 아늑하다. 타국으로의 이사가 잦았던 리사의 일상을 따뜻하게 지켜주었던 컵들(왼쪽 아래)은 그중에서 가장 중요한 물건이다.

나설 계획이라며 시간이 허락하면 꼬네빠야 브루노 벼룩시장에 들러볼 것을 권유했다. 약속대로 찾아간 벼룩시장에서 리사를 만날 수 있었다. 그날 가구와 식기를 비롯한 상당량의 물건을 판매한 리사는 곧 핀란드의 생활을 정리하고 떠났다. 새로운 장소에서도 현지의 중고 문화를 즐길 기대를 가득 품고서 말이다.

건강한 소비를 즐겨요

그로부터 약 1년 후, 리사의 가족은 핀란드로 되돌아왔고 아직 초고를 마무리하지 않은 시점에 다시 연락이 닿았다. 애초 계획보다 일찍 핀란드로 돌아오는 바람에 급하게 살림살이를 챙기고 일상을 되찾느라 정신없이 바빴지만 이제 어느 정도 정리가 된 것 같다며 이번에는 나를 기꺼이 집으로 초대했다. 또다시 집을 중고 물건으로 채우고 있다며 이를 보여주고 싶다고 했다.

　남편과 아이와 두 마리의 고양이와 함께 사는 리사의 집은 여느 일반 가정과 다를 바 없는 평범한 모습이었다. 눈에 띄는 새 물건 대신 이미 오랜 시간 누군가와 시간을 나누었던 물건들로 채워진 리사의 집은 얼마 전 해외에서 돌아와 새로 정착한 가족의 집이라 부르기에는 편안하고 아늑했다. 마치 공백이 없었던 것처럼 말이다. 그녀는 나를 부엌으로 안내했다. 우리가 식탁 위에 커피와 번을 놓고 앉아 그동안 못 다한 이야기를 나누는 사이, 고양이 한 마리가 내 카메라 가방 안을 탐내고 있었다.

　리사는 지금껏 여러 나라를 돌아다니며 생활했지만 그때마다 빠트리지 않고 늘 지니고 다니는 것들이 있다며 보여주었다. 바로

리사가 그동안 소중히 모아온 컵들이다. 여느 핀란드 사람답게 하루에 4, 5잔의 커피를 들이키는 그녀에게 이 컵들이 주는 영향은 설명할 수 없이 크다고 말한다. 서로 각기 다른 컵들의 색상과 형태, 질감에서 에너지를 얻는 리사는 그날의 기분과 시간대에 따라 컵을 바꿔서 커피를 마시며 기분을 전환하는데, 이 컵들만 있다면 그곳이 어떤 나라이든 내 집같이 느껴진다고 말한다. 지난번 이사를 할 때도 역시 이 컵들은 리사와 동행했고 또다시 헬싱키로 무사 귀환했다. 형태도 색상도 모두 각기 다른 이 컵들은 저마다 가진 이야기도 달랐다. 각기 다른 벼룩시장이나 중고 가게에서 구매한 이 컵들 중에는 50센트를 내고 사 온 컵도 있고 손잡이가 부러진 컵도 있다. 비싸고 희귀한 물건에 가치를 두기보다는 본인의 즐거움을 믿고 따르는 그녀의 소비 방식이 여실이 드러나는 예시였다. 리사는 이 컵들을 구매한 날의 장소와 냄새와 분위기도 기억할 수 있다며 웃었다.

이야기가 끝날 무렵 리사는 동네에 자주 방문하는 판매 대행 중고 가게가 하나 있다며 같이 가볼 것을 권유했다. 마침 선반을 대여해 집 정리를 하며 모은 물건들을 판매하고 있고 진열대를 손보러 방문해야 한다고 했다. 여느 판매 대행 중고 가게의 보편적인 모습을 갖추고 있는 가게의 실내는 평범한 사람들의 평범한 일상이 고스란히 담겨 있었다. 볼일을 마치고 함께 가게를 나서며 리사는 눈을 번뜩이며 무료 코너에서 리넨 셔츠를 하나 골라 들었다.

어릴 적부터 너무나도 자연스럽게 드나들었던 중고 가게에 이제는 그녀를 따라 중고 문화에 함께 심취한 남편과 여섯 살 난 아이의 손을 잡고 같이 간다. 그녀의 아이 역시 중고 가게에 가는 것을 자연스럽게 여기고 그 공간에서 자신을 즐겁게 하는 물건을 고를 줄 안다며 대견해했다. 리사는 앞으로도 많은 사람들과 여러 장소에서 건강한 중고 문화의 즐거움을 함께 나누고 싶다고 말한다. 필요하지 않은 물건은 적극적으로 타인과 나누고 스스로를 위한 기쁨 역시 찾을 줄 아는 중고 문화의 긍정적인 면을 말이다.

8장.

핀란드 중고 문화는 오늘도 진화 중

유기적으로 변화하는 중고 문화

환경을 생각하는 건강하고 경제적인 소비

이 책을 쓰고자 마음먹으며 가장 피하고자 했던 것은 핀란드를 비롯한 북유럽 국가들을 완벽한 나라로 묘사하는 것이었다. 단순하게 이 나라 사람들이 환경문제에 더 관심이 많아서 혹은 검소한 민족이라서 중고 문화가 발달한 것이라고 미화하며 중고 문화 발달의 이유를 성급히 결론짓고 싶지 않았다. 가끔 한국을 방문해 주변 사람들을 만나 이야기를 나누거나 매체에서 다루는 북유럽 국가를 볼 때, 북유럽 사람들을 '원래 그런 사람들'로 묶어버리는 경향이 두드러지는 것을 발견했다. 원래 이성적이고 합리적인 결단을 내릴 줄 아는 똑똑한 민족으로 치부하며 이들이 일구어낸 발전과 안정을 자연스러운 결론인 양 이야기하며 북유럽을 우리와는 처음부터 다른 완벽한 사람들이 사는 곳으로 만들어버리는 것이다. '그 사람들은 원래 그래'라 함은 '우리도 원래 이래'로 자연스레 귀결되는 법이다. 아무것도 바뀌지 않을 거라는 패배감 대신 좋은 방향성을 띤 변화에 대한 기대감을 전달하고 싶었다.

핀란드 사람들은 결코 완벽한 사람들이 아니다. 이곳에도 차별과 부정은 존재하며 무관심과 무책임이 종종 논쟁거리에 오른다. 다만 가장 살기 좋은 나라, 국민의 정부 신뢰도 등의 설문의 상위권에 항상 이름을 올리는 핀란드가 지금의 모습을 하고 있는 것은 주어진 환경이 달라 세상을 바라보는 시각에 차이가 있고, 그에 따른 행동과 사고의 선택지가 달랐기 때문이라 말하고 싶다.

이 나라의 중고 문화 역시 역사적, 환경적, 종교적 바탕 위에서 치열한 고민과 선택이 복잡하게 얽혀 지금의 형태를 갖추게 되었을 것이다. 처음에는 가족, 마을 사람들끼리 없는 자원을 아껴 쓰기 위해 시작되었던 것이 시간이 흐르며 일상에 짙게 녹아들어 하나의 어엿한 문화로 자리 잡았다. 허름한 옷가지나 낡은 물건을 파는, 쉬이 발을 들일 수 없는 어두침침한 분위기를 물씬 풍겼던 처음의 중고 가게는 어느덧 필요한 물건을 저렴하게 구할 수도 있고, 귀중한 보물을 찾을 수도 있고, 가족과 친구들과 함께할 수 있는 건강한 시간을 제공하는 장소로 거듭났다. 헬싱키 도심에 재사용 센터가 생긴 1990년 이래로 약 30년이 흐른 현재, 중고 문화는 여러 세대의 공감과 관심을 받는 것에 성공했다. 이 와중에도 중고 문화는 계속해서 진화하고 있으며 현대의 빠른 소비 행태와 맞물리며 독특한 모습으로 변화하고 있다.

핀란드의 중고 문화는 시대의 흐름에 맞추어 유기적으로 변해왔다. 그 어느 때보다도 쉽고 빨라진 소비와 폐기 그리고 불거지는 환경문제와 사람들의 커지는 우려 속에서 중고 문화는 하나의 대안으로써 성장해왔다. '환경을 생각하는 건강하고 경제적인 소비'라는 생각을 근간으로 소비부터 폐기까지 직선이었던 구조를 둥글게 말아 이어주는 접합점 역할을 맡은 중고 문화는 자연스레 현대의 소비 행태를 고스란히 반영할 수밖에 없다.

온라인 중고 거래의 확장이 가져올 변화와 기대

인터넷은 우리 일상으로 거침없이 침투했고 그 깊이와 너비는 우리의 상상을 초월했다. 손으로 만져지지 않는 이 가상의 세계에서는 정말 많은 일들이 일어난다. 천리안과 하이텔에 접속하기 위해 전화 연결음이 멈추기를 기다렸던 나의 고등학생 시절에는 결코 상상할 수 없었던 일들이 현재 온라인에서 벌어지고 있다. 10년 뒤, 20년 뒤에 역시 우리의 상상을 뛰어넘는 일들이 현실이 되어 있을 것이다. 중고 문화도 자연스레 이 온라인 한켠에 제자리를 잡았다. 우리나라에서도 이미 오래전부터 중고 문화는 온라인에서 활발했다. 중간 거래상을 거치지 않고 본인이 가진 물건을 직접 판매해서 이윤을 남길 수 있다는 점과 지체 없이 원하는 조건의 물건을 저렴한 가격에 구매할 수 있다는 점 때문에 세계 어디에서나 온라인에서는 중고 거래가 활발하게 일어난다. 핀란드에도 역시 다양한 형태의 온라인 중고 시장이 존재한다.

후또Huuto나 또리Tori와 같은 웹사이트는 지역별, 품목별로 원하는 물품을 팔고 있는 판매자를 검색할 수 있다는 장점 덕분에 핀란드 사람들이 가장 애용하는 온라인 중고 거래 장터다. 가구나 가전제품을 비롯해 접시, 장난감, 유모차, 책 등 온갖 품목을 찾을 수 있다.

페이스북이나 인스타그램instagram 등 소셜 미디어를 통한 거래 또한 보편적이다. 특히 헬싱키에는 동네마다 '동네 이름+Kierrättää(재사용)'라는 이름의 중고 거래 그룹이 페이스북에 형성되어 있는 것이 특징이다. 특히 공급과 수요가 끊이지 않는 육아용품의 경우에도 그룹이 따로 개설되어 있어 훨씬 수월하게 필요한 물건을 찾을 수 있다. 대게 '동네 이름+Kierrättää lastenvaatteet ja tarvikkeet(아동복 및 육아용품 재사용)'라는 이름으로 검색할 수 있다. 서울로 치면 '상수동 중고 거래, 방배동 중고 거래'와 같은 이름의 그룹이 존재하는 것이다. 중고 거래의 특성상 판매자와 구매자가 직접 만나 물건을 살피기 위해 이동하는 과정이 필요하다. 같은 동네 혹은 옆 동네의 판매자로부터 물건을 구입해서 이동에 쓰이는 시간과 에너지를 줄이겠다는 취지에 자연스레 형성된 모임이다. 게다가 소셜 미디어에서 신분 조회가 가능한 같은 동네 주민이라는 점이 신뢰를 기반으로 한 활발한 거래를 만드는 요소로 작용한다.

시보우스 빠이바의 창립자인 빠울리나는 온라인 중고 거래가 가져올 변화에 대해 말한다.

"온라인상의 중고 거래가 활발해지는 현상이 앞으로의 핀란드 중고 가게들에 어떠한 영향을 줄지 궁금해집니다. 현재 전 세계적으로 온라인 거래가 활성화되면서 길거리 상점들이 줄줄이 문을 닫고 있어요. 중고 가게도 이를 피해가기는 어렵겠죠. 더 이상 땅값이 높은 시내에서 버틸 수 없어서 교외로 밀려날 수도 있고, 쇼룸의 형태만 띠게 될 수도 있어요. 혹은 다양한 기능을 한데 섞은 상업 공간으로 발전할 수도 있고요."

전자 상거래의 성장은 오프라인 매장의 매출이 감소하며 문을 닫는 현상인 '리테일 아포칼립스Retail Apocalypse(소매업의 몰락)'의 주요 원인 중 하나로 꼽힌다. 이러한 온라인 마켓의 성장은 전자 상거래의 '거물'인 아마존amazon이 이끄는 온라인 쇼핑의 성장이 큰 영향을 미친 것으로 분석되고 있다.♦ 뉴욕 시내에 들어선 내로라하는 유명 브랜드들조차도 점점 진화하는 온라인 쇼핑과 높아지는 부동산 임대료에 치여 속속 폐점 소식을 알려오고 있다. 작은 규모의 골목 상점들은 말할 것도 없다. 이는 당연히 한국과 핀란드에서도 일어나는 현상이다. 시간과 에너지를 써서 발품을 팔아야 하는 것이 오프라인 매장 쇼핑의 필수 요소다. 그러나 검색 비교도 쉽고 집까지 배달도 해주고 반송까지 편해지고, 또 이제는 생활용품에 이어 식재료까지 온라인으로 살 수 있으니 구매자들은 자연스레 온라인 쇼핑을 선택한다. 신문물에 문외한인 나조차도 오프라인에서 실물을 직접 살펴보고 온라인에서 가격 비교를 한 후 가장 저렴한 가격의 해당 물건을 찾아 구매하기도 한다. '요즘 누가 오프라인에서 사?'라는 말이 나오는 것도 당연하다.

물론 중고 물건의 경우 결함이나 사용 흔적 등을 확인하는 과정이 필요하기 때문에 전적으로 온라인에 의존하기에 미심쩍은

♦ 박정훈, "'리테일 아포칼립스', 美 온라인 마켓 유통업 점유율 오프라인 추월", 《이코노믹리뷰》, 2019년 4월 3일자 인터넷 기사.

구석이 있는 것도 사실이다. 또한 선반과 서랍을 뒤져가며 물건을 살피는 과정 자체를 즐기는 맛도 있기 때문에 오프라인 중고 가게가 가까운 시일 내에 완전히 사라질 것으로 보이지 않는다. 다만 중고 가게의 구조와 서비스가 소비 환경의 변화에 따라 변할 것이라 예상한다. 이미 헬싱키에는 새 물건과 중고 물건을 섞어서 판매하거나 중고 가게와 카페를 함께 운영해 편안하게 쇼핑을 즐길 수 있는 곳이라는 인식을 심어주는 등 다양한 시도를 하는 가게들이 늘어나고 있다.

그중에 평균 가격대를 높이 책정해 차별화 전략을 사용하는 리러브Relove가 사람들의 관심과 사랑을 받고 있는 점에 주목할 만하다. 뙬뢰에 위치한 리러브는 판매자들이 직접 물건에 가격을 매겨 진열하는 판매 대행, 잇세빨베루 중고 가게다. 저가의 물건을 기대하기 쉬운 일반적인 중고 가게와는 달리 리러브의 진열장에는 유지 관리가 잘되어온 물건이 가득하고 물건의 평균 가격대 역시 일반적인 잇세빨베루 중고 가게의 것보다 높다. 진열장 대여비 역시 헬싱키 평균 가격에 약 50퍼센트가 더 비싸다. 일회성 짙은 물건보다는 좋은 품질을 자랑하는 제품을 선호한다는 점 역시 웹사이트에 명시해두었다. 가게의 입구에는 젊은이들이 선호하는 메뉴를 갖춘 세련된 카페를 운영하는데, 중고 가게에 속한 카페라기보다는 독립된 느낌을 주어 가볍게 방문해 시간을 보내기에 부담 없는 분위기를 갖추고 있다. 기존의 중고 가게에 대한 편견을 부순 리러브는 특히 젊은 여성들 사이에서 커다란 반향을 불러일으키고 있다. 패션에 관심이 있거나 중고 문화에 관심이 있는 사람이라면 누구나 한번쯤 가보았을 장소로 유명세를 타며 매체에서도 높은 관심을 보이고 있다.

　리러브를 보며 중고 가게 역시 시장의 변화에 발맞추어 진화하고 있음을 확인했다. 리러브는 또 하나의 선택지로써 중고 시장의 다양성에 기여한다. 이는 중고 문화에 관심이 없던 사람까지 고개를 돌리게 할 만큼 큰 매력을 갖고 있다. 이 진화를 보며 앞으로 시장에 닥칠 변화가 반드시 '아포칼립스'만은 아닐 거라는 희망 섞인 기대 역시 하게 되었다.

중고 문화가 마주한 문제점들

많은 소비, 많은 폐기

핀란드의 중고 문화는 지금 그 어느 때보다도 활발하다. 크고 작은 일상의 물건들이 온라인, 오프라인의 다양한 형태의 중고 가게와 행사를 통해 새 주인을 만나고 있고 핀란드의 옛 디자인 제품들은 해외 경매에서 핀란드 역사상 초유의 고가를 갱신하고 있다. 재사용 센터의 통계가 말해주듯 기부 물건의 양은 매해 꾸준히 늘고 있고 판매량도 상승세다. 중고 가게에서 물건을 사는 사람도 기부하는 사람도 많아지고, 다양한 형태의 벼룩시장 행사도 사계절 내내 열린다. 그 어느 때보다도 활발한 중고 문화는 더 많은 사람들을 끌어당기고 있고 누구나 편견 없이 즐기는 문화로 자리 잡았다.

그렇다면 이쯤에서 자연스러운 의문이 하나 떠오른다. 이렇게 중고 문화가 활발해졌다는 이야기는 그만큼 물건의 수가 많아졌다는 이야기 아닐까?

"중고 가게에서 팔리는 물건들이 다 어디에서 올까 생각해보면 답은 단순합니다. 사람들의 소비가 그만큼 어마어마하게 많다는 이야기죠. 중고 문화가 활발해졌다고 해서 사람들이 환경을 생각한 소비를 시작했다는 뜻이 아니에요. 전보다 많은 소비를 하고 있고, 전보다 많은 물건이 중고 시장으로 흘러들어가고 있어요. 우리는 그 어느 때보다도 소비가 많은 시대를 살고 있어요."

시보우스 빠이바의 창립자인 빠울리나가 인터뷰 중 한 말이다. 중고 문화가 활발하다는 것이 우리가 그동안 몸에 밴 소비를 등지고 갑자기 환경을 위한 행동을 시작했다는 뜻일 리 없다. 결국 새 물건은 그대로 혹은 더 많이 구입하고 그중 많은 양의 물건이 중고 시장으로 유입되는 것이다. 중고 문화의 어두운 단면이다.

더 나아가 빠울리나는 그동안 시보우스 빠이바 행사를 통해 판매되는 물품들을 관찰하며 떠오르는 우려를 공유했다.

"시보우스 빠이바 행사는 판매자의 수가 많으면 많을수록 활력을 띱니다. 최대한 많은 시민들의 참여를 유도하는 것이 중요하죠. 그것만큼이나 중요한 것은 진열된 물품의 다양성이에요. 이는 구매자의 관심을 지속시키기 때문에 행사에 생명력을 불어넣는 아주 중요한 요소입니다. 현재 판매되는 물품의 다수가 의류에 집중되어 있으며, 그마저도 저가의 패스트 패션 브랜드가 지배적이에요. 이런 옷은 대게 유행에 민감하기 때문에 철이 지나면 쉽게 잊혀

중고 문화가 활발해졌다는 이야기는 그만큼 물건이 많다는 뜻 아닐까? / 사진 ⓒ Emmi Korhonen

중고 문화를 매력적으로 만드는 것은 물건의 다양성이다.

요. 그렇다고 계속 옷장에 쌓아두고 있을 수는 없는 노릇이라 이러한 옷들을 모아 처분하기 위해 시보우스 빠이바에 가지고 나오는 판매자들이 적지 않은 것을 알고 있어요. 그런데 판매자에게 유행이 지난 옷은 구매자에게도 철 지난 물건이기는 마찬가지죠. 사람들은 중고 시장에서는 일반 상점에서 쉽게 볼 수 있는 물건보다 오히려 개성 있고 재미있는 물건들 찾기를 기대하기 때문에 이러한 의류의 경우에는 판매율이 저조할 수밖에 없어요. 결국 이런 옷들은 버려지거나 기부형 중고 가게의 수거함으로 들어갑니다. 이러한 현상은 행사의 전반적인 질을 떨어트리는 결과로 이어집니다. 게다가 그 어느 때보다도 사람들의 환경문제에 대한 우려와 인식이 높은 요즘, 이는 행사를 향한 사람들의 흥미를 떨어트리고 중고 문화 자체의 본질과 의미를 흐릴 수도 있음을 알아야 합니다."

발릴란 스토리의 주인인 뻬아와 사일라도 비슷한 이야기를 들려주었다.

"잇세빨베루 중고 가게는 판매 대행 서비스를 제공하기 때문에 진열 물품의 권한은 판매자에게 주어져요. 가게마다 그 규율에 조금씩 차이가 있기는 하지만 대게는 오염이 되었거나 훼손이 된 제품, 중고 문화의 취지를 흐리는 제품만 아니면 무엇이든 진열할 수 있어요. 그래서 판매자들이 진열하는 물건들이 가게의 이미지를 결정하는 데에 큰 몫을 합니다. 의류에 집중되어 있는 우리 가게에도 저가 브랜드 옷들이 진열 물품의 상당량을 차지해요. 솔직히 말하자면, 서로 비슷한 모양새를 한 낮은 품질의 저가 브랜드 의류는 가게만의 독특한 개성과 차별성을 확립하고 싶어 하는 가게 주인들에게는 곤란한 물건이기도 합니다."

삐아는 여기에 한마디를 더했다.

"한번은 우리 가게에 진열된 옷을 시내 옷 가게의 쇼윈도 마네킹이 입고 있는 것을 발견하고 적잖이 놀랐어요. 구매한 지 며칠 안 된 옷이 이미 중고 가게에서 판매되고 있는 것이었어요. 간혹 상표를 제거하지 않은 새 옷들을 가져다 놓는 판매자들도 있지만, 그 일은 조금 더 충격적이었어요."

자원과 에너지와 시간을 들여 만들어진 물건이 구매자의 손을 이렇게 빨리 떠날 수 있다는 사실이 놀라울 따름이다. 이것은 비단 의류에만 국한된 문제가 아니다. 작년에 구매한 휴대폰을 비롯한 각종 전자 제품도 이미 구식으로 느껴진다. 서랍이나 찬장에서 충동구매한 뒤 잊힌 소형 가전제품이나 장식품, 소품 등을 찾는 것은 어려운 일이 아니다.

빠른 소비, 빠른 폐기

중고 가게와 벼룩시장은 물건들을 쉽고 빠르게 털어버리는 배출구로 이용되기도 한다. 물건을 구매하고 포기하는 구매자들은 물건을 반송하거나 쓰레기통에 버리거나 중고로 되파는 선택지를 마주하게 된다. '물건을 폐기하지 않고 중고 시장을 통해 이를 필요로 하는 사람에게 저렴한 가격으로 판매할 수 있다면 이런 소비문화도 괜찮은 것 아닐까?' 생각이 들기도 한다. 물론 쓰지 않는 물건에 새 주인을 찾아준다는 점에서 이는 중고 거래의 취지에 부합하는 행동이지만, 단지 새 물건을 사기 위해 수납공간을 확보하는 수단으로써 중고 가게가 반복적으로 사용된다면 문제는 달

위 | 중고 시장은 더 빠르고 쉬운 소비와 폐기를 위한 배출구로 이용되기도 한다. / 사진 ⓒ Joonas Lumpeinen
아래 | 패스트 패션 산업은 규모를 키우고 있고 의류 생산량도 꾸준히 늘고 있다.

라진다. 또한 물건이 얼마만큼 빠른 속도로 소비되고 폐기에 이르는지 생각해본다면 중고 문화는 그저 허울 좋은 포장지에 불과하다. 최근 온라인 구매가 더욱 쉬워지고 소셜 미디어의 영향력이 커지며 과시 목적으로 물건을 구매하고 반송, 폐기하는 사례가 빈번해지며 문제의 무게는 더욱 무거워지고 있다. 실제 일상을 여과 없이 보여주기보다는 행복하고 즐거운 순간을 선별해 대외적으로 드러나는 본인의 인상을 스스로 통제하고 재구성하는 것은 소셜 미디어 사용에 있어 두드러지게 나타나는 현상이고, 이러한 면이 일회성 보여주기식의 구매로 이어지는 것이다.

2018년도 국제 신용카드 회사 바클레이카드Barclaycard가 구매력이 있는 2000명의 영국 성인(35~44세)을 대상으로 진행한 설문조사에 따르면, 약 열 명 중 한 명(9퍼센트)이 소셜 미디어를 통해 과시하기 위해 물건을 구입하고 사진을 찍은 후 반품하는 것으로 나타났다. (이 조사에 10대와 20대는 포함되어 있지 않다는 것을 기억해야 한다.)◆ 매년 미국에서만 약 35억 개의 물건이 반품되며 그중 20퍼센트만이 물건의 결함이 반품 이유라고 한다. 온라인 쇼핑이 보편화됨에 따라 반품은 쇼핑을 즐기는 방법 중 하나로 자연스레 자리 잡았다. 실물을 직접 관찰하지 않고 스크린에 보이는 이미지만을 가지고 구매를 결정하는 온라인 쇼핑의 특성 때문에 실제 물건을 받아 보고 변심할 가능성은 항상 열려 있기 때문이다. 상황이 이러하다 보니 반품을 적극적으로 포용하는 정책을 펴고 있음을

◆　Hanna Kozlowska, 'Shoppers are buying clothes just for the Instagram pic, and then returning them', Quartzy, 14 Aug 2018, accessed 15 Mar 2019.
　　웹사이트 http://qz.com 참조.

홍보하는 사업체들의 수도 갈수록 많아지고 있다. 반품은 그 어느 때보다고 쉽고 편리하며, 무료인 경우도 적지 않다. 그런데 반품률이 올라가면 최종 소비자가격 역시 오르게 되어 있다. 이미 반품률을 계산해 최종 소비자가격을 책정해야 회사가 손해를 보지 않기 때문이다.

그렇다면 우리가 주문하고 반송한 물건들은 우리의 기대처럼 다시 새 주인을 만날 수 있을까? 안타깝게도 그 확률은 매우 희박하다고 한다. 한 번도 사용한 적 없고 포장지만 개봉한 물건일지언정 말이다. 반품된 물건의 상태는 각자 제각각이다. 포장지가 개봉된 모양새도, 물건이 다시 상자에 들어가 있는 형태도, 물건에 남아 있는 사용 흔적도 전부 다르다. 이렇게 서로 다른 개봉 흔적이나 사용 흔적을 일일이 확인하고 재정비하는 작업은 사업체에게 당연히 별도의 시간과 인력과 돈이 들어가는 커다란 골칫거리일 수밖에 없다.[♦] 물건에는 소위 말하는 '시즌'이라는 것이 존재한다. 특정한 형태와 기능을 갖춘 물건이 많이 팔리는 시기를 놓치고 나면 판매가 어려워지는 경우가 많다. 물건이 반품되어 돌아오는 과정에 이미 많은 시간이 경과되어 결국 판매하기 어려워지는 것이다. 사업체 입장에서는 이런 물건들을 모아두었다가 한꺼번에 저가 판매장에 보내거나 단순히 폐기하는 것이 훨씬 쉽고 저렴한 문제 해결 방식이 되어버린다. 이 얼마나 큰 손실인가? 제품 제작 단계에서부터 귀중한 자원과 에너지를 사용해 만들어진 물

<hr />

♦   Harriet Constable, 'Your brand new returns end up in landfill', BBC Earth, accessed 15 Mar 2019.
웹사이트 http://www.bbcearth.com 참조.

건들이 제대로 쓰이지도 않고 창고에서 창고를 전전하다 결국은 폐기에 이르는 것이다. 눈에 보이지 않는 탄소 배출량은 이 전 과정이 결코 사업체에게만 손해가 아님을 보여준다. 무심코 던진 돌에 개구리가 맞아 죽는 격인가? 아니, 누워서 침 뱉는 격이다. 우리의 무지가, 무관심이, 의도하지 않은 행동이 지구 어딘가에서 또 무슨 일을 벌이고 있을지, 어떻게 우리 스스로를 옭아매고 있을지 아무도 모른다는 생각에 두렵다.

쉬운 소비, 쉬운 폐기

그렇다고 현재 우리가 맞닥뜨린 문제의 책임을 개개인의 소비자들에게 전가하고 무작정 비난해서는 안 된다. 제품을 만드는 회사들은 어떻게 하면 물건을 많이 팔 수 있을까를 고민하고 소비를 부추기는 장치들을 도처에 마련해놓고 자꾸 우리에게 부족한 점이 있다며 그리고 그게 뭔지 하나하나 자세히 알려주겠다며 부산을 떤다. 물건을 하나 구입한다고 해서 구매가 끝나는 것이 아니고 하나의 거대한 포문을 여는 셈이 된다. 로션 하나 구입하려고 했을 뿐인데 해당 제품의 효과를 극대화해줄 수 있는 제품들이라며 다른 것들이 줄줄이 달려서 온다. 로션을 고르고 나면 흐르는 시간을 붙잡는 신기술로 주름을 개선해줄 수 있는 크림도, 화장의 완성은 지우는 것이라며 세안제도 자연스레 따라온다. 당장 필요한 로션 하나 구입하려 했을 뿐인데 가게를 나설 때면 손에는 어느새 묵직한 봉투가 들려 있곤 한다. 많은 제품을 하나로 묶어 소비자가 얼마나 부족한 삶을 살고 있는지를 일깨워주며, 이 제품들을 사용함으로써 사회가 짜놓은 이상형에 한 발자국 더 가까이 다가갈 수 있다는 장밋빛 희망을 안겨준다. 부족한 점이 있다는 것조차 깨닫지 못했던 소비자들은 자신의 무지몽매함을 탓하며 끝없는 상대적 박탈감에 절은 채로 소비의 미로를 헤매고 있을 뿐이니 개개인의 소비자들을 비난해서는 근본적인 변화가 없을 것이다.

개개인을 탓하기보다는 쉬운 소비와 폐기를 부추기는 커다란 시스템에 그 잘못이 있음을 이해하고, 산업의 대량생산 방식에서 그 개선점을 찾는 것이 더욱 건설적이고 근본적인 문제 해결 방식일 것이다.

더 나은 미래를 위한 소비와 생산

신중한 소비, 양질의 생산

책을 쓰는 과정에서 여러 사람들을 만났다. 서로 다른 배경을 가진 만큼 각자 다양한 이야기를 들려주었지만 어떤 부분에서는 같은 목소리를 내는 경우도 있었다. 과거에 만들어진 물건의 질이 더 좋은 경우가 많아 놀란다고 하는 이야기도 그중 하나였다. 기술이 발달했으니 물건의 질이 거듭 좋아질 수밖에 없는 것 아닐까 생각이 들기도 하지만, 좋은 물건도 많아진 만큼 조악한 품질의 일회성 짙은 물건 역시 많아졌다는 걸 쉽게 알 수 있다. 매장을 다니거나 온라인 구매 사이트를 구경하다 보면 과연 오래 쓸 수 있을까 의구심이 들 정도로 찰나의 만족감을 위해 만들어진 제품들이 많다는 느낌을 받는다.

아마도 이건 바뀐 우리의 생활 태도와 밀접한 연관이 있을 것이다. 편의를 더욱 중시하고 소비를 유흥과 과시로 여기는 풍조가 우리가 사용하는 물건의 품질에도 영향을 주는 것이다. 만드니까 팔리는 건지, 팔리니까 만드는 건지, 닭이 먼저인지, 달걀이 먼저인지 모르겠지만 문제가 있음에는 분명하다.

무엇보다도 물건을 구매할 때 신중해져야 할 필요성을 느낀다. 우리가 사용한 물건들은 다양한 원재료 간의 합성과 가공의 결과물이기 때문에 소비자가 모든 재료를 이해함과 더불어 각 재료의 공정 과정을 이해하고 추적하기란 매우 어렵다. 누구나 지니고 다니는 휴대폰 속에는 알지 못하는 부품이 가득하다. 매일 생활하는 건물 벽 속에도 그 성분과 출처를 알기 어려운 물질들이 가득하다. 매일 쓰는 로션과 샴푸도 마찬가지다. 또 살갗이 직접 닿는 옷도 정확히 어떤 재료로, 어떠한 과정을 통해 만들어지는지 알지 못한다. 음식이나 약도 그러하다. 성분 표를 읽어보지만 당최 무슨 작용을 한다는 것인지 알 수가 없다. 그중에는 한글로 씌어 있어도 틀리지 않고 한 번에 읽기 어려운 단어들도 많다.

무관심한 것이 잘못이라면 잘못이겠지만 무관심해질 수밖에 없는 것도 현실이다. '몸이 멀어지면 마음도 멀어진다'는 말이 있듯이 제조지가 멀어지니 당연히 신경을 덜 쓸 수밖에 없다. 요즘 많은 경우 인건비가 상대적으로 저렴한 국가에서 원재료를 가공한다. 이러한 국가의 경우 환경 규제가 상대적으로 느슨한 경우가 많아 공장이 들어선 지역의 물과 토양은 오염에 노출되기 쉽고 이를 지휘하는 본사는 직접적인 오염과 부작용으로부터 한발 떨

재사용 센터에서 면직물 재활용을 위한 분류 작업을 하고 있다. / 사진 ⓒ Joonas Lumpeinen

어져 있다. 최근 들어 몇몇 세계 거대 기업들을 대상으로 환경이나 직원의 기본권 등과 같은 윤리 문제가 지속적 제기되며 부정적 이미지를 초래하고 논란을 불러일으키기도 했다. 상황이 이렇게 변하며 생산지에 예민하게 반응하는 소비자가 생겨서 그런지 제품 포장 겉면에 'made in ○○○(생산지)'가 아닌 'designed in ○○○(본사가 위치한 곳)'을 표시하고 부각시켜놓은 경우도 요즘 종종 발견할 수 있다.

비싼 물건을 구매한다고 해서 의식 있는 소비자이고, 저렴한 물건을 구매한다고 해서 생각이 짧은 소비자라고 말하는 것은 결코 아니다. 값비싼 물건이라고 다 좋다는 법도, 또 저렴하다고 다 나쁘다는 법도 없다. 다만 다양한 재료의 합성과 신기술을 이용한 공정, 대륙과 대륙을 오가는 복잡한 제조 과정에서 가격을 낮출 수 있는 요소는 생산 환경과 품질, 인건비의 희생인 경우가 많다는 점을 상기할 필요는 있다. 물건을 구매하거나 버리기에 앞서서 이 제품이 어디서 어떤 작업 환경에서 만들어졌는지, 이 음식이 어떤 경로로 식탁까지 왔는지, 우리의 소비가 사회와 환경에 어떠한 영향을 가져올 수 있는지 등 행동이 가져올 결과를 생각해보는 데에 조금 더 시간을 할애한다면 소비는 신중해지지 않을까?

소비자의 의식도 중요하지만 제품의 품질 역시 좋아야 한다. 품질이 좋은 제품의 수명은 길게 마련이다. 수년 뒤 중고로 팔리더라도 그 가치를 인정받기가 더욱 쉽다. 여전히 높은 가격에 팔리고 있는 핀란드 중고 디자인 제품들을 보면서 핀란드에서 중고 문화가 발달할 수 있었던 배경은 단순히 중고로 팔릴 수 있을 만한 물건의 숫자가 많기 때문은 아닐까 생각하기도 했다.

재사용과 재활용은 선택이 아닌 필수

앞으로는 재사용과 재활용을 고려한 좋은 품질의 제품이 더욱 보편화될 필요가 있다. 환경문제가 그 어느 때보다도 피부로 느껴지는 요즘에도 패스트 패션 산업은 여전히 그 규모를 키우고 있다. 이 책에서 본의 아니게 의류를 얘기로 드는 경우가 많은데, 이는 우리가 가장 쉽게 공감할 수 있는 품목이기도 하고 의류 산업의 규모도 크고, 탄소 배출량도 실제로 많기 때문이다. 2016년 그린피스greenpeace의 리포트에 따르면 '2000년부터 2014년까지 의류 생산은 두 배가 되었고, 평균적으로 사람들은 매해 60퍼센트의 물건을 더 산다'고 밝혔다. 인구가 100억 명에 육박할 것으로 예상하는 2050년대, 중국을 비롯한 경제부흥기를 맞은 국가들의 늘어나는 소비량을 생각했을 때 물건의 재사용과 재활용은 선택이 아닌 필수다.◆

현재로써는 중고 가게에 안착하는 물건들보다 버려지는 물건들이 많은 것이 현실이다. 제조 과정에서 버려지는 물건도 많고 소비자에 의해 폐기되는 물건도 많다. 의류의 경우 전 세계적으로 80퍼센트의 폐기된 직물이 매립되거나 소각되고, 20퍼센트만이 재사용 재활용된다. 매립된 의류는 썩는 데에 200년이 넘게 걸리며 그 과정에서 온실가스를 계속 배출한다. 현재 1퍼센트 미만의 직물만이 성공적으로 재활용될 뿐이다. 의류 재활용 기술은 아직

◆ Harriet Constable, 'Your brand new returns end up in landfill', BBC Earth, accessed 15 Mar 2019.
웹사이트 http://www.bbcearth.com 참조.

갈 길이 멀고 보편화되려면 오랜 시간을 기다려야 한다.[*]

　지난 2015년부터 2017년까지 핀란드에서는 '리루핑 패션 Relooping Fashion'이라는 이름의 프로젝트를 진행했다. 이름에서도 유추할 수 있듯이 구매에서 폐기에 이르는 속도가 빠르고 양이 많다는 문제점을 가진 현재 의류 산업의 선형 구조를 순환하는 원형 구조로 바꾸는 데에 일조할 방법을 찾는 프로젝트였다. 보통 낡은 면을 재활용해 새 제품을 만들 수 있도록 섬유화하는 과정에 마모된 섬유의 길이가 너무 짧아 직물을 짜는 데에 어려움이 뒤따른다고 한다. 그래서 재활용 공정 과정에는 새로운 면이 추가되어야 하고, 그렇기 때문에 100퍼센트 폐기 면직물만을 가지고 새 제품을 만들기는 사실상 불가능하다고 한다. 이 프로젝트는 VTT(Technical Reserch Centre of Finland Ltd. 핀란드 기술연구센터)가 개발한 셀룰로오스 용해 기술을 이용해 공정 과정에 새 재료를 추가하지 않고 품질의 타협 없이 직물을 무제한 재활용할 수 있게 되었다고 한다.[**]

　혁신을 위한 핀란드 기금 지원 기관인 떼께스Tekes에서 자금 지원을 한 이 프로젝트에는 여러 기관과 회사가 참여했다. 우선 재사용 센터가 1200킬로그램에 달하는 낮은 품질의 면제품을 모아 분류 작업을 했다. 재활용을 위해서는 다른 직물이 섞이면 안 되기 때문에 100퍼센트 면이 아닌 옷감은 제외하고 단추나 지퍼,

[*]　Allison McCarthy, 'Are out clothes doomed for the landfill?', Remake, 22 Mar 2018, accessed 17 Jul 2019.
웹사이트 https://remake.world/stories/news/are-our-clothesdoomed-for-th 참조.

[**]　Relooping Fashion, 'What is The Relooping Fashion Initiative?', accessed 17 Jul 2019.
웹사이트 http://reloopingfashion.org 참조.

라벨 등도 제거했다. 그 뒤 수에즈Suez(환경 서비스 및 솔루션 회사)와 VTT를 차례로 거치며 섬유 분해 과정을 진행했다. 여기서 만들어진 실로 퓨어 웨이스트의 공장에서 직조를 하고, 핀란드 의류 브랜드 세빨라Seppälä가 디자인과 판매를 맡았다.♦ 물론 이 신기술 역시 실제 상용화, 보편화되려면 오랜 시간이 걸릴 것이다. 그렇지만 기업 및 기타 참여 기관으로 구성된 생태계를 생성함으로써 핀란드의 섬유 순환 경제를 한 차원 높은 수준으로 끌어올릴 수 있는 가능성을 확인했다.♦♦

자원은 무한하지 않다. 지구는 커다란 별이지만 우주라는 바다에 떠 있는 섬일 뿐이다. 소비할 수 있는 인구는 점점 늘어나고 있다. 미국의 지리학자이자 역사학자인 재레드 다이아몬드Jared Diamond는 그의 유명한 저서 《문명의 붕괴Collapse》에서 이스터Easter 섬의 운명을 찬찬히 되짚어 내려갔다. 근처 다른 폴리네시아 섬들에 비해 풍족한 자원을 바탕으로 한때 발달한 기술과 문명을 자랑했으나, 지속성을 고려하지 않은 소비는 섬 전체를 궁지에 몰아넣었고 이는 곧 세대의 존속을 위협했다. 배를 만들 수 있는 나무를 모두 소진해버리고 나자 물고기를 잡으러 먼 바다로 나갈 수도, 무역을 하기 위해 다른 섬으로 갈 수도 없어진 그들은 결국 후대의 사람들에게 미스터리 소재로 소비되며 그렇게 역사의 뒤안

♦   Kierrätyskeskus, 'Tekstiilin kiertotalous', accessed 17 Jul 2019.
    웹사이트 https://www.kierratyskeskus.fi/tietoa_meista/tietoa_kierratyskeskuksesta/
    hankkeet/tekstiilin_kiertotalous 참조.
♦♦ VTT, 'Fabric made from VTT's recycled fibre feels half way between cotton and
    viscose', 19 Sep 2017.
    웹사이트 https://www.vttresearch.com/media/news/fabricmade-from-vtts-recycled-
    fibre-feels-half-way-between-cotton-and-viscose 참조.

길로 사라졌다. 우리도 지구라는 큰 섬에 살고 있다. 섬의 자원을
다 소진하고 나면 그 다음 수순은 불 보듯 뻔하다.

요한나 "소비자와 생산자 모두
더 건강한 선택을 했으면 좋겠어요."

소유에서 공유로

내가 원하는 시간에 원하는 방법으로 언제든 활용할 수 있다는
편의성이 소유의 큰 장점일 것이다. 현대사회에 들어와 개개인이
무언가를 소유하는 것이 마치 당연한 공식처럼 간주되어 생각 없
이 따라가게 되는 경우도 많다. 하지만 이에 따른 책임과 부담이
감당하기 힘들어지면 소유를 고집할 만한 가치가 있는 것인가 묻
는 근본적인 질문에 다다른다.

사우나는 핀란드 사람들에게 있어서 습관적 의식이나 명상에
가까운 행위로 오랜 시간 사랑받아오고 있다. 도심에 공공 사우
나가 많았으나 이는 1950년대를 기점으로 급격히 줄어들었고 아

파트 건물에 주민들을 위한 공용 사우나가 보편화되었다. 몇 해 전부터는 신축 아파트의 각 세대마다 사우나가 하나씩 포함되기 시작했다. 즉 모든 가정이 개인 사우나 공간을 집 안에 갖고 있다는 의미다. 적어도 약 10제곱미터를 차지하는 이 공간은 일주일에 고작 몇 시간 사용되고 대부분의 시간에는 텅 비어 있다. 아무리 핀란드 사람들이 사우나를 좋아한다고는 하지만 매일 꼬박꼬박 하는 사람은 과연 몇 명이나 될까? 많은 경우 사우나 공간은 창고로 전락하고 만다. 게다가 사우나를 하기 위해 기계를 예열하는 과정에 낭비되는 전기 또한 무시할 수 없다. 기계를 켜놓고 다른 일을 하다 보면 때를 놓쳐 과열되기 일쑤다. 편의와 맞바꾼 공간과 에너지의 낭비인 셈이다. 건설사는 현대인들의 의견을 반영한 것이라 말하지만, 적어도 내 주변 친구들 중 이에 긍정적인 반응을 보이는 경우는 드물었다.

세탁실에 관한 일화도 있다. 핀란드에서는 냉장고, 식기세척기, 세탁기와 같은 대형 가전제품은 집에 포함되어 있는 경우가 많다. 우리 식구가 살던 집도 그러했는데, 다음 이사 갈 집에 세탁기가 설치되어 있지 않은 것을 발견했다. 집주인은 건물 1층에 공용 세탁실이 있으니 불편함이 없을 거라 얘기해주었지만, 매번 세탁 시간을 미리 계획하고 조율하는 게 번거롭고 어려울 거라는 우려가 앞섰다. 결국 세탁기를 구입할 것을 염두에 두고 공용 세탁실을 사용했는데, 걱정과는 달리 예약과 이용이 이해하기 쉽고 명백해 이웃과의 불편함을 초래할 일은 발생하지 않았다. 게다가 집 안에는 두기 힘든 대용량 세탁기가 두 대에 건조기 두 대, 커다란 이불을 건조시킬 수 있는 방까지 따로 마련되어 있어 한두 번 써

본다는 것이 결국 2년 넘게 사용하게 되었다. 타인과 같이 쓰면 불편할 거라는 생각이 지배적이었던 처음 생각을 고칠 수 있었던 경험이었다.

우리가 소유한 물건이 우리를 대체하는 현상을 본다. 내 것이 되었을 때 동시에 얻게 되는 사회적, 경제적 지위와 편의는 너무나 달콤해서 우리는 기꺼이 부담을 끌어안고 살기도 한다. 하지만 각자 소유에 영역 표시를 하느라 바빠 몇 걸음 채 못 떼고 담벼락에만 얼굴을 들이대고 걷는다면 얼마나 안쓰러운 모양새일까? 미약하게나마 우리가 소유에 점점 지쳐가고 변화를 바라고 있다는 것을 느낀다. 그럼에 따라 그 소유의 의미와 개념도 천천히 변화하고 있다는 생각이 든다. 쉬운 소비와 빠른 폐기가 현대사회가 지닌 문제점이라면, 물건이 지닌 가치를 개인이 홀로 소비하기 어려운 것이라면, 그래서 귀한 자원이 더욱 낭비되는 것이라면, 반드시 모든 물건이 내 소유일 필요가 없다면, 같이 나누어 쓰는 방법이 있지 않을까?

옷 빌려주는 패션 디자이너

요한나 살로바라Johanna Salovaara를 알게 된 것은 지금으로부터 약 10년 전이다. 남편의 가까운 친구인 얀네Janne의 부인인 그녀에게서 패션 디자이너의 도회적 이미지가 강하다는 첫인상을 받았다. 당시 얀네는 알토대학교에서 '창의적 지속 가능성Creative sustainability' 프로그램으로 석사 과정을 밟고 있었는데, 이는 당시 남편이 수업을 진행하던 분야였기 때문에 우리 넷이 만나면 대화의 주제가 지속 가능성♦에서 빠져나올 줄을 몰랐다. 해가 바뀌며 우리 사이의 벽이 서서히 허물어져 친구라는 단어가 어색하지 않게 되었을 무렵, 내가 가졌던 첫인상은 온데간데없고 그 자리에 그 누구보다 정이 넘치고 열린 생각과 시야를 가진 요한나가 남아 있었다. 머지않아 요한나가 그녀의 직업과 지속 가능성 사이에서 오랫동안 매우 깊은 번민에 빠져 있다는 사실도 알게 되었다.

어느 날, 요한나가 소셜 미디어 계정에 그녀의 옷을 대여해준다는 포스트를 올린 것을 발견했다. 그녀가 가진 고민과 고투의 무게감을 알게 된 지 얼마 지나지 않았던 터라 이런 포스트를 올린 그녀의 의중이 더욱 궁금해졌다. 과거에 패션 산업에 종사했으나 지금은 다른 직업을 찾은 삐아와 멜리사를 인터뷰하기는 했다. 하지만 요한나는 여전히 실제 산업에서 활발히 활동하고 있는 디자이너이기에 그녀의 생각이 더욱 알고 싶어졌다.

"지속 가능성에 관심을 가지게 된 것은 아무래도 남편 얀네의 영향도 컸지만 학교에서 패션 디자인을 배우면서 그 필요성을 일찍이 깨달았기 때문이야. 아마도 내가 오래전부터 중고 문화에 관심이 많았기 때문에 문제점이 더 잘 보였던 거겠지. 현재 패션 산업이 지닌 가장 큰 문제는 일회성 짙은 저렴한 의류의 끝없는 공급이 마치 가능한 것처럼 포장하는 데에 있어. 이런 물건들은 대게 품질이 낮아서 오래 입을 수 없고 도안도 엉망이라 몸에 잘 맞지 않거든. 생산 속도 또한 지나치게 빨라서 일주일마다 한 번꼴로

♦　지속 가능성(sustainability)이란 끊임없이 지속할 수 있는 능력을 뜻하며, 특히 환경적 관점에서는 환경에 피해와 부담을 지우지 않으면서 여러 세대를 거쳐 자원을 사용할 수 있는 가능성을 말한다.

패션 디자이너인 요한나 살로바라 / 사진 © Rosemarie Särkkä

새 옷들이 뿜어져 나오고 있어. 어느 유명 저가 브랜드의 옷들은 이 속도를 맞추기 위해 소매점으로 향하는 배 안에서 재봉을 한다는 소문도 있으니, 그게 정말 사실이라면 기가 막힐 노릇이지. 그 작업 환경이 어떠할지 생각해봐."

요한나는 패션 디자인을 전공하고 2008년 핀란드 최대 백화점인 스토크만Stockmaan에 입사해 디자이너로 일하고 있다. 백화점 자체 고급 여성복 브랜드를 담당하고 있는 그녀에게 어렸을 때부터 패션 디자이너의 길은 당연한 것이었다. 그렇게 천직에 몸 담고 있는 그녀를 끊임없이 괴롭히는 것은 단연 현재 패션 산업의 구조다.

"얼마 전에 내 옷을 빌려주겠다는 포스트를 소셜 미디어 계정에 올렸어. 가벼운 파티나 모임에 입을 만한 드레스를 중심으로 옷을 몇 벌 골라서 사진과 함께 글을 올렸지. 이런 옷들은 제작할 때 재료가 가장 많이 쓰임에도 불구하고 실제 가장 적은 시간 입게 돼. 제작에 쓰인 에너지와 시간을 생각하면 옷장 안에만 걸려 있기에 매우 아까운 옷들이야. 그래서 그 사용 빈도수를 높이고자 필요한 사람들과 나누어 쓰자는 생각으로 포스트를 올리게 되었어. 저렴하고 질 낮은 물건을 모두가 소유하기보다는 품질이 좋은 물건을 빌리거나 교환하는 등의 새로운 대안 문화가 필요해. 이 과정이 원활하도록 도와주는 서비스가 빨리 대중화되었으면 좋겠어."

요한나는 현대 핀란드에 바떼뿌Vaatepuu라는 의류 대여 회사가 있다고 알려주었다. 핀란드와 북유럽의 브랜드를 중심으로 파티용 의상부터 평상복까지 다양한 의류를 크기별로 구비하고 있다. 2014년 야르벤빠Järvenpää(헬싱키에서 차로 약 30분 정도 거리에 떨어져 있는 소도시)에서 한 무리의 친구들이 옷장을 함께 공유하던 것이 그 시작으로 현재 헬싱키를 비롯한 네 개의 도시로 퍼져 조금씩 그 인지도를 쌓아가고 있다.

의류 대여 서비스는 전 세계적으로 서서히 그 입지를 다지는 중이다. 렌트 더 런웨이Rent the Runway라는 이름의 미국 사업체는 2009년 시작된 디자이너 의류, 액세서리 대여 서비스로 스스로를 '클라우드 옷장closet in the cloud'이라고 표현한다. 행사나 모임에 필요할 만한 드레스, 정장부터 평상복, 액세서리까지 목적에 맞게 의류를 대여할 수 있는 서비스를 제공하고 있다. 거금을 들여 장만한 옷을 겨우 한두 번밖에 입지 않는다는 사실을 새삼스레 깨닫고 시작한 사업으로, 누구나 한번쯤은 입어보기를 희망하는 유명 디자이너의 아이템을 빌릴 수 있는 것이 특징이다. 시작부터 많은 이들의 관심과 공감을 샀던 렌트 더 런웨이는 온라인 서비스로 시작하여 현재는 뉴욕, 시카고, 워싱턴, 샌프란시스코, LA에 커다란 규모의 상점을 열 정도로 성장해 의류 대여 사업 분야에서 가장 주목받고 있다.

"오래 지속되는 의류를 생산하는 브랜드나 재활용, 재사용 패션을 지향하는 브랜드를 적극적으로 지원하는 정책이나 프로그램이 이제는 필요하다는 생각이 들어. 나는 옷을 너무 사랑하고 옷 만드는 내 직업을 사랑하지만 대책 없이 소비와 폐기를 부추기는 산업의 구조와 열악한 생산 환경을 생각하면 이 직업을 당장 떠나고 싶은 충동이 들 만큼 회의감이 들어. 내가 맡은 일은 다행히도 품질에 무게를 두기 때문에 빠른 속도로 의류를 생산하지는 않아. 하지만 소비자들이 더 건강한 선택을 할 수 있도록 다양한 시도를 할 줄 아는 적극적인 태도가 백화점에 필요하다고 생각해. 예전에는 상대방이 나와 관심사가 같은지 확인한 후에야 주제에 대해 조심스레 대화를 나누곤 했어. 환경과 윤리 등에 대해 이야기를 꺼내면 유별나다, 유난을 떤다, 주목받고 싶어 한다는 반응을 보이는 사람들이 적지 않았기 때문이야. 하지만 이제는 두려워하지 않고 내가 가진 생각과 의견을 다양한 방법으로 피력하려고 노력 중이야. 혼자만 담고 끙끙대기에 문제는 커. 이젠 다 같이 고민해볼 때도 되지 않았을까?"

책을 위해 질문을 하는 나에게 요한나는 도리어 고맙다는 말을 전했다. 이런 이야기를 할 때마다 고민을 나누는 기분이 들어 답답함을 어느 정도 해소할 수 있다고 했다. 여전히 현장에서 디자이너로 활발히 활동하는 요한나가 가감 없이 그녀의 고통과 고민을 타인에게 드러내기 시작한 것이 나에게도 영감이 되었다.

오래 사용하는 확실한 방법: 수리와 수선

수리와 수선은 그 중요성이 강조되어서 부족할 것이 없다. 내가 가진 물건을 오래 쓸 수 있는 확실한 방법 중 하나이기 때문이다. 그런데 어느 순간부터 손으로 물건을 고치고 만드는 작업이 우리 생활에서 사라진 것 같다. 물건을 고치는 것보다 버리는 것을 자연스레 선택하는 우리. 왜 이렇게 된 걸까?

물건이 복잡해졌다. 생활필수품이라고 여겨지는 물건들 중 전자 제품이 차지하는 비중이 높아졌다. 필요한 지식을 겸비한 사

2013년도에 열린 트래쉬 랩은 참가자들이 고장 나거나 부서진 물건을 함께 수리하는 자리를 마련하여 현대의 빠른 소비, 폐기 문화를 지적하고 개선의 필요성을 강조했다.

위 I 함께 노트북을 고치고 있는 참가자들
아래 I 깨진 컵, 망가진 전기 주전자 등 평범한 생활용품들이 수리를 기다리고 있다.

부서진 가구를 수리하기 위해 목공 설비가 마련되었다.

람을 제외하고는 개개인이 고치기 어려워졌다. 그리고 물건이 저렴해졌다. 수선이나 수리를 하려고 해도 고치는 가격이 비싸 새 물건을 구입하는 것이 낫다는 결론에 쉬이 다다른다. 그 돈을 들여 물건을 고쳐도 곧 더 나은 제품이 나오니 아주 특별한 이유가 있지 않고서는 굳이 고장 난 낡은 물건을 수리해서 쓰는 것을 고집하기 어려워진다. 우리는 고쳐서 오래오래 쓰고 싶은 물건들을 이런저런 이유로 포기하게 된다.

헬싱키에는 매년 트래쉬 랩Trash Lab이 열린다. 비영리단체인 픽셀에이크Pixelache의 주최로 열리는 이 행사는 고장 나거나 부서진 물건을 수리하고 관련 정보를 나눌 수 있는 행사다. 참가자가 노트북이나 카메라, 컵, 가구 등 수리가 필요한 물건들을 들고 행사장을 찾으면 전기공, 목수와 같은 전문가가 직접 수리 과정을 보여주며 조언을 해준다. 경우에 따라서는 3D 프린터나 대형 목공 기계 등이 동원되기도 한다. 단지 물건을 고쳐 쓰고 싶은 사람들 뿐 아니라 다른 이들의 물건을 고치는 과정에 도움을 주고 싶은 사람들 역시 행사에 참여할 수 있으며 단순히 관찰만 하는 것도 가능하다. 트래쉬 랩은 네덜란드에서 시작되어 현재 유럽 전역으로 퍼진 리페어 카페Repair café에서 영감을 받아 기획되었다. 이미 소유한 물건을 고쳐 오래도록 잘 쓰고 불필요한 쓰레기와 소비를 줄이자는 취지로 만들어진 이 행사를 통해 커피 기계, 토스터, 청소기, 조명 등 다양한 생활용품들이 새 생명을 얻는다. 2002년 발표되어 디자인계에 큰 영향을 주고 있는 《Cradle to Cradle(요람에서 요람까지)》의 저자인 건축가 윌리엄 맥도너우William Mcdonough는 "'계획된 구식화planned obsolescence'◆는 우리를 무감하게 만들어 물건을 버리고 잊게 한다. 리페어 카페의 가치는 사람들이 물질과의 관계를 되찾도록 만드는 데에 있다."♦♦고 말하며 이 수리 운동의 의미가 단순히 물건을 고치는 행위를 넘어서 우리가 물건에 애착을 갖고 아껴 쓰게 하는 데에 있음을 강조한다.

♦ '계획된 구식화'란 제품의 현재 버전이 일정 기간 내에 오래되거나 쓸모없게 될 것이라는 점을 의도적으로 기획하는 것으로, 소비자가 미래에 대체품을 찾도록 하여 수요를 자극하는 방법이다. 웹사이트 http://www.investopedia.com 참조.
교체가 필요하거나 설계의 빈번한 변경, 예비 부품 공급 중단 및 내구성이 없는 재료의 사용이 계획된 구식화를 만든다.
David Bach, '1001 Financial Words you need to know', p147.
♦♦ Pixelache, 'Repair Café at Pixelache office', accessed 30 Jun 2019.
웹사이트 https://pixelache.ac/events/repair-cafe-at-pixelache-office 참조.

*

후기

초등학생 시절, 지구를 감싸고 있는 오존층에 구멍을 뚫는 프레온가스의 위험성에 대해 알리며 그 주범인 무스와 스프레이를 사용하지 말 것을 권고하는 대대적인 캠페인이 있었다. 당시 또래 여자아이들 사이에서는 헤어 롤을 이용해 앞머리를 최대한 둥글고 크게 말아 무스와 스프레이 등으로 딱딱하게 고정시켜 그 어떤 세찬 바람과 움직임에도 흐트러짐 없는 스타일을 만드는 것이 유행이었다. 소위 인기가 많은 아이일수록 앞머리가 그리는 포물선의 크기는 더욱 컸다. 두피가 뻣뻣해질 만큼 무스를 바르고 등교하는 남자아이들도 많았다. 그게 약 25년 전 이야기인데 현재 기후 변화를 인류가 온몸으로 체험하고 있고, 이제는 그 변화를 완화mitigation시키는 방법과 갑작스러운 변화에 어떻게 가능한 부드럽

게 적응adaptation할 수 있을지 그 방법을 동시에 적극적으로 찾아야 하는 대응 단계에 왔다.♦

과거에 지구온난화로 해석되었던 기후변화는 전 세계 기후가 예측하기 불가능한 전개를 보이는 현상을 통칭하며, 이는 단순히 온도의 높고 낮음을 넘어서서 인류의 생존과 밀접한 식량과 영토에 큰 영향을 줌을 의미한다. 수십 년에 걸쳐 매해 수확해오던 농작물을 기후가 변화하여 더 이상 재배할 수 없게 되며, 그 지역에는 없었던 동식물과 벌레, 균 역시 등장한다. 극지방 빙하가 녹으며 해수면이 상승하면 많은 사람들이 살아갈 터전과 농경지를 잃게 된다. 지구의 기후는 지난 1만 2천 년 동안 비교적 안정적이었고 이 안정성은 우리 현대 문명과 삶의 발전에 결정적인 역할을 해왔다. 현대 생활은 우리에게 익숙한 안정된 기후에 맞추어져 있다. 기후가 변화함에 따라 우리는 변화에 적응하는 법을 배워야 한다. 이는 기후변화의 속도가 빠를수록 더 어렵다.♦♦ 문제는 수십, 수백 년을 살아오던 방식을 손바닥 뒤집듯 바꿀 수 있을 만큼 여유를 주지 않고 빠르게 일어남에 있고, 지역의 경제활동과 사람들의 건강 등에 혼란과 피해를 줄 수밖에 없다.

1990년대와 2000년대에는 주변에 환경 이야기를 꺼내면 고리타분한 사람, 더 나아가 반골 취급을 받기도 했다. 나는 그저 궁금하고 걱정이 되어서 질문을 던진 것뿐이었는데 '쓸데없는 것

♦   정연화, "기후변화, 완화와 적응에 모두 대비해야", 《온케이웨더》, 2013년 7월 29일자 인터넷 기사.

♦♦   NASA: Climate Change and Global Warming, 'Responding to Climate Change', accessed 4 Jul 2019.
      웹사이트 https://climate.nasa.gov/solutions/adaptationmitigation 참조.

에 관심을 가지지 마라', '개발을 하지 않으면 어떻게 발전을 하냐?', '그러면 너는 아무것도 안 쓰고 살 거냐?'와 같이 대화 자체를 일축해버리는 극단적이고 공격적인 반응이 돌아와 당황한 나머지 그 어떤 반응도 보이지 못했던 기억이 있다. 당장 아무런 이득도 가져오지 않는 환경문제에 의문을 가지는 것은 시간 낭비였고, 누군가에게는 정치적 프로파간다propaganda에 놀아나는 어리석은 일이었다.

어쩌면 미래는 내가 우려하는 것과는 달리 더욱 안정적이고 풍족할지도 모른다. 눈부시게 발전한 과학기술 덕분에 인류는 기후의 변화와 토양의 오염, 물 부족, 농업의 위기 등의 위협으로부터 벗어날 수 있게 되고, 대체에너지 기술의 비약적 발전으로 미래 세대는 지난 세대들과 같이 누리며 살 수 있을지도 모른다. 아니면 희망이 보이지 않는 지구를 뒤로 하고 다른 행성에서 새 출발을 할지도 모를 일이다.

이제는 공상과학소설이나 재난 영화의 내용이 우리에게 실제 다가올 미래의 모습은 아닐까 하는 막연하지만 근거 있는 두려움으로 자라 마냥 웃으며 맘 편히 즐길 수만은 없게 되었다. 크리스토퍼 놀란Christopher Nolan 감독의 영화 〈인터스텔라Interstellar〉(2014)는 지구가 먼지로 가득 덮여 마스크 없이는 인류가 생존할 수 없게 되고 생산 가능한 작물의 종도 병충해로 줄어들어 희망이 없어지자 지구를 떠나 사람이 생존할 수 있는 다른 별을 찾는 과정을 흥미롭게 그린다. 처음 이 영화를 보았을 때 느낀 그 무거움과 답답함은 애끓는 부성애도, 임무 완수를 향한 절박함도 아닌 마치 곧 닥칠 우리의 현실을 보는 것만 같은 두려움 때문이었으리라. 초등

학생 시절 공상과학 그림 그리기 대회를 하면 누군가의 도화지에 어김없이 등장하던 산소마스크는 현재 우리의 미세 먼지 마스크와 크게 다르지 않다는 것에 절망한다.

우려는 하면서도 나에게 직접 나서서 행동을 할 깜냥은 없다. 아니, 솔직히 말해 무엇을 해야 하는지 잘 모르겠다. 작은 개인으로서 큰 문제 앞에 무기력해진다고 하면 핑계일까? 내가 아무리 아등바등, 전전긍긍해봤자 이미 전속력을 다해 굴러가고 있는 바위에는 그 어떠한 흠집도 낼 수 없을 것 같다는 생각이 든다. 동시에 이 또한 발달한 인류 문명의 한 귀퉁이일 뿐이니 너무 심각하게 여길 필요 없을 것 같다는 생각이 혼재하며 현재를 마음껏 즐기지 못하고 스스로에게 자꾸만 제동을 거는 자신이 미련하게 느껴지기도 한다. 단지 허리우드 영화 속 영웅처럼 누군가가 나타나 해결해주었으면 하는 솔직한 바람이 있다.

이번 책을 준비하며 사람들을 만나 이야기를 나누다 보니 많은 위로가 되었다. 나와 비슷한 고민과 생각, 의문점을 안고 헤매며 사는 평범한 사람들이 많다는 점 그리고 자신이 할 수 있는 선에서 노력하는 사람들이 있다는 점을 보면서 말이다.

제품이 문제를 해결해줄 것이라는 우리의 믿음은 버리고, 우리의 소비 행태를 되돌아보아야 할 때인 것 같다. 우리의 행동이 어떠한 결과를 가져올 수 있는지 경우의 수를 짚어보는 데에 조금 더 시간을 투자해도 좋을 것 같다. 한때 천으로 만든 에코백이 유행을 타며 하나의 패션으로 자리 잡았었다. 흰 캔버스 천으로 만든 가방이 에코백이 아니고, 이미 우리가 가진 가방을 오래도록 쓰는 것이야 말로 에코백임을 잊지 말아야 하겠다.